Nuevos amigos en Barcelona

Carlos Rodrigues Gesualdi

Nuevos amigos en Barcelona

Schmetterling Verlag

Bibliografische Informationen Der Deutschen Nationalbibliothek

Die Deutsche Nationalbibliothek verzeichnet diese Publikation in der Deutschen Nationalbibliografie; detaillierte Daten sind im Internet über http://dnb.d-nb.de abrufbar.

Schmetterling Verlag GmbH

Lindenspürstr. 38 b

70176 Stuttgart

www.schmetterling-verlag.de

Der Schmetterling Verlag ist Mitglied von aLiVe.

ISBN 3-89657-790-5

1. Auflage 2010

Alle Rechte vorbehalten

Satz und Reproduktionen: Schmetterling Verlag

Druck: Euro PB, s. r. o., 26101 Příbram

Tschechische Republik

Índice

I. Barcelona con veinte euros

Estoy en Barcelona, la ciudad más interesante de Europa. Hablo español básico. Tengo una pequeña mochila, mucho interés y lo más importante: un recorte de periódico con un anuncio de trabajo.

Aquí está el anuncio del periódico:

> ## Se busca
> joven redactor/a para trabajar 3 meses en Barcelona con conocimientos básicos de español
> ### www.guia-total.es

He visto este mensaje pocos días atrás en un periódico alemán y he escrito de inmediato un e-mail con mis «conocimientos básicos de español»:

```
----- Mensaje Original -----
Enviado: Lunes, 28 de Septiembre


Queridos amigos de Guía Total:
Me llamo Jan, tengo 21 años y quiero ser escritor. Actual-
mente colaboro con el periódico local, en la pequeña ciudad
donde vivo en Alemania. Quiero trabajar con vosotros en Bar-
celona porque me fascina viajar y me interesa mucho conocer
esa ciudad. Mi español es básico, soy disciplinado, ordena-
do y muy responsable. Muchas gracias por alguna respuesta.
Tengo muchas ilusiones y esperanzas de ir. Estoy listo para
viajar. Muy atentamente y hasta pronto.
Jan Merten
```

✎ **Datos personales**
Completa los datos de Jan.
Nombre: Apellido: Nacionalidad:
Nivel de español: Personalidad:

Mi mail dice la verdad, pero no *toda* la verdad. No menciona que me encanta viajar pero que no viajo mucho. Quiero irme de casa, pero no tengo dinero.

Soy joven y quiero conocer el mundo, pero vivo con mis padres en una ciudad muy pequeña.

Como no hay una universidad por aquí, no puedo estudiar. Colaboro con el periódico local, pero tengo más expectativas. El trabajo en Barcelona es una posibilidad excelente. Por eso me he puesto muy feliz al recibir la respuesta:

----- Mensaje Original -----
Enviado: Miércoles, 30 de Septiembre

Hola Jan:
¡Genial! Quieres colaborar en nuestro proyecto.
Somos cuatro y sólo falta alguien para escribir
en alemán. Preparamos una guía de las ciudades
más importantes de España para jóvenes. Es un trabajo duro:
tienes que recorrer Barcelona de arriba a abajo. Si eres
deportista y quieres conocer el país, es el trabajo ideal
para ti. Nuestra guía es muy especial, escrita por extranjeros jóvenes para turistas jóvenes. No sólo hablamos de las
Ramblas y Gaudí, también mencionamos cuáles son las mejores
discotecas, explicamos dónde comprar libros usados, cómics
y todo lo que un joven necesita. La idea es muy interesante y atractiva, así como muy atrevida y original. No vamos
a restaurantes caros ni a tiendas de grandes marcas, sólo a
lugares con precios razonables. ¿Te interesa? Pues vienes el
jueves 15 del mes próximo a las tres de la tarde. Estamos
en el Carrer de Sant Pau, detrás del Liceo. Te espero y te
envío un abrazo desde Barcelona
Pilar Pons Fernández
Coordinadora en Barcelona – **Guía Total**

℘ Descripción

¿Cómo es el edificio del Teatro Liceo? Con ayuda de *http://images.google.com* describe el *Liceu* con 5 adjetivos. Para ello, puedes usar adjetivos del mail de Pilar u otros adjetivos que conoces.

Ahora estoy aquí, en Barcelona, con grandes expectativas, un recorte de periódico y mucho, pero mucho interés en recorrer la ciudad de arriba a abajo.

2. Mi nuevo trabajo

He llegado a Barcelona esta mañana. He paseado horas por el centro y por el Barrio «El Raval». Me gusta tanto, que no he parado a comer. Todo me encanta. Es extraordinario. No conozco a Pilar ni la Guía Total, pero ya he decidido quedarme.

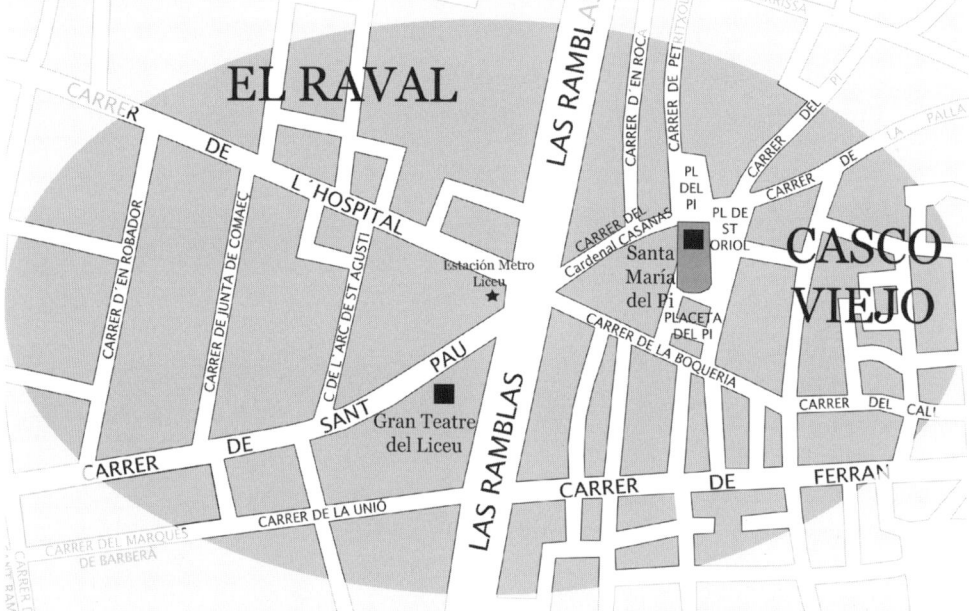

Miro mi reloj: son las tres menos cuarto y mi cita con Pilar es a las tres. Tengo sólo quince minutos para encontrar la oficina. Debo darme prisa. Busco el Carrer de Sant Pau, donde está la oficina de Pilar.

Me pregunto qué significa «Carrer». Mi castellano es básico, pero «carrer» no parece una palabra castellana. Me imagino que es catalán. ¿Quizás viene de la palabra «carrera»? O puede venir de «correr». Claro: correr por la calle; seguramente significa «calle».

El catalán es una mezcla de castellano y francés. Se puede leer, pero es difícil comprenderlo cuando la gente habla rápido. ¡Y en España la gente *siempre* habla rápido!

Veo los letreros de las calles. Leo: «Carrer del Pi» y me pregunto si «Pi» significa 3,1416. Si «carrer» significa «calle», me imagino que dice: «Calle de 3,1416». Bravo, ya comprendo el catalán. ¿O no? Ése es el problema de estar en el extranjero. Nunca sabes si comprendes las cosas o si sólo crees que las comprendes. Pero estar en el extranjero me siento más libre, porque no *quiero* entender todo.

Ahora estoy en una zona muy bonita de «El Raval», con turistas jóvenes y tiendas de moda alternativa, cómics nacionales y, como dice Pilar en su mail, «todo lo que un joven necesita».

A propósito de «El Raval»: es el antiguo «Barrio Chino», nombre políticamente incorrecto que sin embargo mucha gente usa aún.

No hay restaurantes caros ni tiendas de grandes marcas. Los restaurantes tienen precios razonables.

> ℘ **Investigación**
> Comprueba si los restaurantes en «El Raval» tienen precios razonables. Busca las palabras «restaurante» y «Raval» en *www.es.yahoo.com*. Apunta los nombres e información de unos restaurantes. En clase, compara tus ejemplos con otros.

Tengo quince minutos para llegar a mi cita. Necesito preguntar la dirección de la *Guía Total*.

«Perdona, ¿cómo voy al Carrer de Sant Pau?», pregunto.

«Es muy fácil», me dice una chica morena y baja, «aquí por el Carrer del Pi, sigues todo recto hasta la Plaza del Pi. En la Plaza del Pi giras a la derecha para tomar la calle Cardenal Casañas hasta La Rambla o sigues todo recto hasta el Carrer de la Boquería y allí giras a la derecha hasta La Rambla. Allí está la estación de Metro «Liceu». Cuando cruzas La Rambla, encuentras dos calles. El Carrer de'l Hospital a la derecha y el Carrer de Sant Pau a la izquierda. A un lado del Carrer de Sant Pau ves el Liceo y al otro, creo que hay un bar.»

«Gracias», contesto. Por suerte la chica ha hablado a velocidad normal. Repito para mí: recto. La Boquería. Girar a la derecha. Ramblas. Bar.

«Venga, suerte», me dice la chica. ¿Ha dicho «venga»? No sé qué significa eso.

Pero el camino es fácil: sigo todo recto y en la Plaza del Pi giro a la derecha. Veo la estación de Metro. Después de cruzar La Rambla voy por la calle de la izquierda. Leo: «Carrer de Sant Pau». Bravo. Busco el número de la oficina. La calle de Sant Pau es angosta y oscura.

> ℘ **Investigación**
> Ingresa en Google maps y busca con la ayuda del hombrecito amarillo de *Street View* el Carrer de Sant Pau, Barcelona. (Simplemente debes buscar la calle en el mapa y luego poner el hombrecito amarillo en la calle.) ¿Es verdad que la calle es angosta y oscura? ¿Es bonita? ¿Hay una estación de Metro allí?

No hay tiendas de vanguardia ni jóvenes turistas. Es una calle bastante abandonada. El edificio donde están las oficinas de Guía Total es muy viejo y está descuidado.

El portal está abierto. Adentro hay una sala enorme, con una escalera de mármol antigua y en varias partes rota. La luz no funciona y el ascensor tiene la puerta abierta. Hay latas de cerveza vacías y papeles en el suelo. En algún lado escucho una gota de agua que hace plop, plop.

Subo las escaleras. Mi nuevo trabajo está en la tercera planta. Estoy feliz porque es mi primer trabajo internacional. No me importa si el sitio no es un paraíso. No necesito una oficina bonita.

La primera planta parece vacía.

La segunda planta también.

En la tercera escucho una voz. Golpeo. Poco después una chica abre la puerta.

«Hola, adelante», me dice. Lleva un teléfono en la mano. «Bienvenido. Tú eres Jan, ¿verdad? ¿Has tenido un buen viaje?»

> ### ℗ Adjetivos
> Algunos adjetivos (como *grande*, *bueno* y *malo*) tienen dos formas. Aquí Jan dice: «primer trabajo» y «primera planta», pero «planta vacía». ¿Por qué «primer» no termina en -o? Busca la regla ingresando «primer» en el diccionario de la RAE *www.rae.es/rae.html*. Si no comprendes las abreviaturas, las encuentras en la «Ayuda» de la página en *http://buscon.rae.es/drael/html/ayuda.htm*.

Pilar me recuerda a Penélope Cruz: tiene grandes ojos oscuros y pelo largo con ondas. Es amable, simpática y parece eficiente; la jefa perfecta.

Entro en una habitación pintada de blanco, con un enorme mapa de Barcelona en una pared y en las otras los mapas de Madrid, Sevilla, Mallorca, Bilbao y Oviedo. No conozco las ciudades, pero cada mapa lleva su nombre escrito con letras muy grandes.

«Mira. Este es nuestro plan para estos 18 meses. Es decir, tenemos un año y medio para hacerlo», me dice la chica, señalando vagamente los mapas.

Sonrío. Cuento los mapas: con Barcelona son 6 sitios. Qué maravilloso si el plan es pasar este año y medio en seis lugares distintos. La idea me encanta. Tres meses en cada ciudad; un año y medio en España. Es la mejor manera de conocer un país.

«Puedes ponerte cómodo mientras termino de hablar, ¿vale? Te sirves un café. Y, si quieres, puedes mirar las fichas de tus compañeros...»

«Gracias, gracias», murmuro por decir algo. La chica habla lentamente, como una maestra de escuela. Es una suerte, porque comprendo perfectamente lo que dice. Cuando continúa hablando por teléfono, ya no entiendo nada. Tal vez habla catalán, no sé. No entiendo qué idioma habla. Por mí, puede ser chino. Si es castellano, habla muy, pero muy rápido.

Dejo mi pequeña mochila en una silla. Llevo conmigo sólo un par de pantalones, dos camisetas, un jersey, calcetines y ropa interior.

✎ Pronombres con preposiciones

conmigo: forma que toma el pronombre de la 1ª persona singular («yo») frente a la preposición «con». El pronombre de la 2ª persona toma la forma «contigo». Las otras personas se mantienen regulares: «con él», «con nosotros», etc. (Frente a las otras preposiciones los pronombres toman las formas «mí» y «ti»: para mí, para ti; a mí, a ti, etc.)

Escribe quién va contigo al cine normalmente, quién va contigo a hacer deporte, quién va contigo de vacaciones etc.

Por la ventana abierta veo los bares y la gente. En Barcelona siempre hay mucha gente en las calles. «¡Estoy en Barcelona», pienso feliz. «Y *casi* tengo trabajo.»

Me sirvo un café y me siento en una gran mesa redonda. Sobre la mesa hay cuatro fichas iguales. Las fichas contienen fotos y datos de mis colegas.

```
Nombre: Florence (Flo) Bigourdan
Edad: 23
Nacionalidad: francesa
Estudios: bachillerato (liceo) completo,
2 años de literatura, 2 años de arte
Aficiones: pasear, leer, escribir, pintar
Cómo veo mi futuro: muy feliz
Mi sueño: el príncipe azul
```

📢 Verbos

Utiliza los verbos que escribe Flo en sus aficiones para hacer preguntas en segunda persona. Ejemplo: «¿Paseas por Barcelona?» En clase puedes hacer las preguntas a un compañero y anotar las respuestas.

Flo es muy guapa. Seguro que es romántica e inteligente. Yo no soy exactamente un príncipe azul, pero tampoco soy el Yeti. Tengo esperanzas con ella.

Nombre: Alfredo (Freddy) Grecco
Edad: 23
Nacionalidad: italiana
Estudios: profesorado en deporte
Aficiones: bicicleta de montaña, frisbee,
vela, fútbol, balonmano, waterpolo...
Cómo veo mi futuro: lejos
Mi sueño: ir en bici de Barcelona a Bilbao

Freddy me parece simpático, aunque es demasiado deportista para mi gusto. Yo hago un poco de footing y me gusta ir en bici, pero no se me ocurre ir de Barcelona a Bilbao en bici. Para mí, atravesar España en bici sólo es lógico si participas en la «Vuelta a España».

◀ Gentilicios

Los gentilicios (adjetivos de nacionalidades) son una excepción a la regla del género y número de los adjetivos, porque los que terminan en consonante, como «alemán», hacen un femenino en -a, «alemana» (normalmente, los adjetivos que terminan en consonante, como «ideal», tienen la misma terminación para la forma femenina y la masculina). En las fichas de la Guía Total aparecen sólo formas femeninas: en la ficha de Florence dice «francesa» y en la de Freddy «italiana». ¿Puedes explicar por qué?

Nombre: Emily (Emi) Wilkins
Edad: 22
Nacionalidad: inglesa
Estudios: informática, idiomas
Aficiones: matemáticas, lógica aplicada
Cómo veo mi futuro: detrás de un ordenador
Mi sueño: conocer gente simpática

Emily es muy bonita también, a su manera un poco extraña, con su estilo gótico. Debe ser un genio de los ordenadores.

Bebo mi café y me siento muy bien. Mis futuros compañeros parecen interesantes. Quiero trabajar con ellos en la *Guía Total*.

«Disculpa la demora. ¿Has conocido a los otros?», me pregunta Pilar cuando vuelve a la habitación. «Me presento: soy Pilar Pons, tengo 25 años y soy española. He estudiado administración y mis aficiones son: ir en bici por la montaña, montar a caballo, navegar en canoa y volar en parapente. En el futuro soy la editora de *Guía Total* en el mundo y vivo en Nueva York. Mi sueño es juntar un equipo de gente espectacular en Barcelona y viajar con ellos a todas las ciudades.»

«Mucho gusto, Pilar», le digo. «Estudios, aficiones, sueños... ¿Conoces las fichas de memoria?»

«Claro. ¿Me cuentas un poco de ti?»

Pilar coge una cámara, me saca una foto, conecta la cámara a un ordenador, aprieta tres teclas y de la impresora sale velozmente una hoja de papel de color. Me alcanza la ficha con mi foto:

```
Nombre:
Edad:
Nacionalidad:
Estudios:
Aficiones:
Cómo veo mi futuro:
Mi sueño:
```

«Entonces coges un bolígrafo y rellenas los espacios en blanco, ¿vale?», me propone Pilar y me deja solo. Poco después le oigo hablar por teléfono nuevamente.

Completo mis datos. Aficiones: leer y escribir, el cine, los museos...

El futuro no lo veo, pero quiero vivir en España, así que escribo: «Cómo veo mi futuro: en España».

Pero sí tengo muchos sueños, muchísimos. De modo que elijo el mejor y pongo: «Mi sueño: ganar el Premio Nobel».

Pilar termina la llamada telefónica y vuelve a la mesa. «Bueno, si quieres, te explico el trabajo y hablamos de dinero. Si te interesa y aceptas las condiciones, puedes ir al hotel con los demás. Mañana comenzamos a trabajar.»

«Claro que me interesa», pienso, pero escucho con atención lo que me dice. Es igual, porque ya he decidido quedarme.

«Tenemos tres meses para escribir en cinco idiomas la *Guía Total* de Barcelona. La idea es hacer una pequeña descripción de las tiendas jóvenes más interesantes de la ciudad, bares, cine-clubes, discotecas, albergues... Es decir, una guía joven; escrita por y para jóvenes. Es una idea muy original. No existe algo así en el mercado y el turismo de jóvenes en España ha crecido enormemente.

«Muy buena idea», digo convencido.

«¿Quieres participar?»

«Claro.»

Pilar me dice lo que la Guía Total paga a sus redactores. No es mucho dinero, pero es suficiente para el hotel y para vivir. Lo que más me importa ahora es que tengo un trabajo de tiempo completo como redactor. ¡En el extranjero! ¡Y lo mejor: en Barcelona!

«Si estás de acuerdo, puedes firmar el contrato y dejar tus cosas en el hotel.»

Poco después camino otra vez por la calle. Voy al hotel a conocer a mis nuevos colegas. Tengo trabajo en Barcelona y por primera vez en mi vida soy completamente feliz.

3. Nuevos amigos en Barcelona

Salgo a la calle con mi mochila y un papel en la mano. Pilar ha escrito en el papel la dirección del hotel:

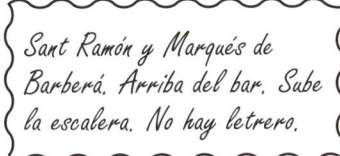

Sant Ramón y Marqués de Barberá. Arriba del bar. Sube la escalera. No hay letrero.

Está muy cerca de la oficina de *Guía Total*. Encuentro fácilmente la esquina y el bar. Enfrente hay una pequeña plaza con árboles y mucha luz. Como dice la nota que llevo en la mano, no hay ningún letrero. Nada de «Hotel», ni «Hostal», ni «Habitaciones». Sólo una puerta vieja y una larga escalera oscura con olor a humedad. No parece un hotel; más bien parece el escenario de una película de Tarantino.

> ✎ **Vocabulario**
>
> «Hotel», «hostal», «habitaciones» y «hospedaje» son sinónimos. Busca algunos sinónimos para «plaza», «bar» y «calle».

La escalera es muy larga y oscura, por eso subo lentamente. Escucho algo e imagino que John Travolta (como Vincent Vega) y Samuel L. Jackson (como Jules Winnfield) suben las escaleras.

«Ufff, ufff, ufff», escucho detrás de mí.

No es Vincent Vega. Es un chico moreno y atlético. Sube las escaleras con una bicicleta de montaña en el hombro. Sube velozmente. Lleva ropa de deporte, pero no está cansado ni transpirado. Más bien parece un modelo en una publicidad de desodorante.

«¿Freddy?» pregunto.

El chico se detiene. Me observa con curiosidad.

«Hola», digo y extiendo la mano. «Soy Jan, el alemán del equipo.»

Freddy me da la mano sin soltar la bicicleta. Pasa el brazo por entre la bici roja.

«¿Equipo? *¿Ma che cosa dice?*»

Tal vez Freddy no habla español.

«La Guía Total» digo y señalo el piso de arriba. Uso el lenguaje internacional de Tarzán: la mímica de leer un libro y explico «Guía Total», me apunto con un dedo y añado: «Jan». Después apunto hacia la calle: «Germany, Alemania, Deutschland».

«¡Oh, el chico *alemano*!» grita y me abraza con la bicicleta y todo. «¿Por qué no me lo has dicho? ¿No hablas español? Vamos, los otros están arriba.»

Freddy sube la escalera más rápidamente que antes. Yo corro detrás. Mi mochila es pequeña y no tengo bicicleta, pero él llega antes que yo y grita:

«Eh, chicas, colegas. El *alemano* está aquí.» De modo que sí habla español. Me pregunto por qué le agrega una *-o* a «alemán».

Así que subo la escalera detrás de él, como Travolta detrás de Samuel Jackson.

Al final de la escalera hay un salón amplio y deslucido, con viejos sillones de distintos colores, una mesilla sin una pata y suelos de madera desiguales.

🖊 **Sinónimos y antónimos**
Escribe tres sinónimos de «feo» y tres de «bonito».

Hay poca luz. Las ventanas tienen cortinas sucias y feas. Algunos cristales rotos están cubiertos con papel.

En la mesilla hay bebidas, galletas, un poco de queso, chorizo, jamón, una barra de pan.

«Hola chicas», dice Freddy y luego me habla a mí: «Adelante, adelante; aquí es donde vivimos. Tu nueva casa. Puedes comer algo si tienes hambre.»

Freddy deja su bicicleta contra un sofá y se arroja sobre otro como en una piscina. Coge una botella de agua de la mesilla y me presenta a las chicas.

«Amigo *alemano*, éstas son Emi y Flo. Tus nuevas colegas. Chicas atractivas, inteligentes, muy buenas compañeras.»

«Hola», Florence me observa con curiosidad por encima de su libro. Después de unos segundos deja el libro en la mesa y sonríe. Tiene una sonrisa encantadora y grandes ojos luminosos muy bellos.

«Ahhhhhh», exclama Freddy. Ha bebido la botella completa.

«¿Qué tal chicas?» pregunta y sonríe al estilo Bollywood. Puedo ver sus dientes muy blancos. Es simpático y alegre.

Flo es mucho más atractiva que en la foto. Es tan guapa que me acomodo un poco la ropa y trato de peinarme con la mano. Lleva un jersey azul muy grande y vaqueros amplios. No veo collares ni pulseras y creo que no lleva maquillaje.

«¿Qué... qué lees?» pregunto torpemente.

«Poesía. ¿Te interesa la poesía española?»

«Sí... pero no hablo tan bien español para leer poesía en castellano.»

Federico García Lorca (1898–1936): poeta, autor de teatro y dibujante nacido en Granada; fusilado por los seguidores de la dictadura durante la Guerra Civil española. En Barcelona expuso sus cuadros y fue amigo del director de cine Luis Buñuel y del pintor Salvador Dalí.

«Es una mala excusa. Hay millones de poemas que puedes entender. Te puedo enseñar unos versos.»

Flo me observa con sus ojos luminosos y recita:

Verde que te quiero verde.
Verde viento. Verdes ramas.
El barco sobre la mar
y el caballo en la montaña.

«Es muy bonito. ¿De quién es?»

«De García Lorca.»

«García Lorca no es catalán, ¿no?»

«Claro que no. Es un famoso andaluz. Es como el Almodóvar de principios del siglo XX. Los españoles son muy poéticos. El idioma castellano es también muy poético, muy musical.

«Sí que son musicales, especialmente de noche, en la plaza, cuando tú quieres dormir», comenta Emily, que hasta este momento no ha dicho nada. «Los ves aquí enfrente con la guitarra, como en una publicidad de la oficina de turismo.»

«Pero ¿quién quiere dormir?», opina Freddy.

«Me encanta esta plaza, es pequeña y no es interesante, pero siempre hay muchísima gente, por la mañana, la tarde y la noche.»

«¿A medianoche también?», pregunto.

«Especialmente a medianoche. En España hay más fiestas que noches y siempre hay mucha, mucha gente en la calle», dice. «Tienen suerte, con este clima...»

«Por la noche hablan, tocan la guitarra y escuchan música hasta cualquier hora», menciona Flo.

«Está muy bien. Te haces amigos con sólo salir a la calle», agrega Freddy.

«Ideal para dormir mucho.»

«Ideal», sonríe Flo. Y es increíblemente bonita cuando sonríe. «Mañana comenzamos a trabajar y tenemos que dormir bien. Aunque también nos gusta salir de noche, el ruido aquí es un problema. Además, el hotel es carísimo.»

«¿Y no habéis buscado otro?», pregunto.

«Sí, pero todos son caros», dice Flo. «En Barcelona no hay hoteles baratos.»

«Si éste es muy caro, puedes imaginarte los otros», dice Freddy.

«¿Recuerdas el hotel que tú has visto, Emi?»

🖉 **Tener que**

El verbo «tener» expresa la relación de una persona con una cosa que le pertenece, y por extensión una obligación tras añadir «que» + infinitivo. Escribe tres frases sobre Jan en Barcelona: ¿Qué tiene que hacer Jan allí?

«Un momento» dice Emily, que escribe en un viejo ordenador portátil apoyado sobre la mesilla. Parece una pieza de museo. En la ficha de Emily dice que le gusta la informática. Es extraño: normalmente los genios en computación tienen siempre ordenadores ultramodernos. Un ordenador viejo es algo raro, casi contradictorio.

«Qué curioso ordenador», digo. Emily deja de escribir y contesta:

«Es un T1100. Uno de los pocos que aun funcionan.»

«Una pieza de colección.»

«La pieza principal de cualquier colección», comenta y sigue escribiendo. Freddy se pone de pie.

«Verde que te quiero verde.

Verde viento. Verdes ramas.»,

recita Freddy gesticulando como un actor.

«Listo.» Emily apaga su ordenador y me dice: «Bienvenido. Yo soy Emily. Me puedes llamar Emi.»

«Yo soy Jan. Me puedes llamar Jan», contesto.

«Ja, ja, ja» se ríe Freddy. «Me voy a duchar. Podemos hacer una fiesta, ahora que el equipo de Guía Total está completo, ¿no?»

«Claro», afirma Flo. «Yo llamo a Pilar por teléfono para avisarle.»

«Yo invito a todos mis amigos de la Plaza de aquí abajo, je je je.»

«Ni se te ocurra», exclama Emi.

🔊 **Por y para**

Para expresar por qué alguien hace algo (el motivo, la causa, el impulso), se usa normalmente «por» con sustantivo. Para expresar para qué alguien hace algo (el objetivo, el fin, la finalidad) se usa «para» con el verbo en infinitivo. Responde con frases completas: ¿Por qué viene Jan a Barcelona? ¿Para qué llama Flo a Pilar?

«Es una broma, no quiero festejar con los amigos de la plaza. No hoy, al menos. Les invito otro día. Hoy podemos salir los cinco. El gran festejo de la Guía Total.»

«Sí, es la mejor manera de empezar a trabajar», dice Emi.

«Podemos ir a bailar», propone Freddy. Sin esperar la respuesta, canta y baila exageradamente en medio del salón. Tiene buen ritmo. Yo lo sigo.

«Vamos, Flo, Emi», invita a las chicas, que nos miran como a dos locos.

«Mejor bailamos por la noche», propone Flo.

«Pilar seguramente conoce un buen sitio», dice Emi.

Emi es pelirroja, tiene ojos verdes y la piel muy blanca. Va completamente vestida de negro. Hasta su anillo y sus pulseras son negros. Lo único que no es negro es su ordenador.

«Come algo», me anima. «Tenemos un chorizo riquísimo. Y mucho, mucho pan.»

«Gracias. La verdad es que tengo hambre después del viaje.»

«La comida en España es tan buena que yo siempre tengo hambre. Voy a engordar mucho aquí.» Emi se pone de pie y se golpea la barriga como un tambor. Yo no me la puedo imaginar gorda. Es muy delgada y muy alta. Sólo un poco más baja que yo.

«Entonces Flo llama a Pilar para decidir adónde vamos. Yo puedo ir a comprar más chorizo. Freddy se ducha y tú puedes descansar, si te apetece.»

«Gracias», digo, me preparo un bocadillo de chorizo y cojo mi mochila.

«¿No tienes equipaje?» pregunta Flo mientras llama por teléfono. Yo sonrío, pero ella no me ve.

«Te muestro tu habitación», me dice Freddy, y me explica: «No estamos en un verdadero hotel sino en las habitaciones que pertenecen al bar de abajo. Tenemos esta sala y una habitación para cada uno.» Vamos por un largo corredor muy oscuro donde hay cinco puertas. «Pilar, yo, Emily, Florence y tú», dice señalando cada puerta.

Al final del corredor hay una ventana. Abajo está la cocina del bar. No es hora de comer pero ya hay olor a calamares y a ajo.

«¿Siempre hay tanto olor a comida?», pregunto, con mi mochila en una mano y mi bocadillo de chorizo en la otra.

«No. De noche hay mucho más olor. Yo sueño que soy un calamar.» Freddy tiene un sentido del humor particular, un poco ingenuo pero divertido.

Me muestra mi habitación. Tiene una cama muy pequeña y huele a humedad. La mesilla está torcida y la alfombra está rota.

✎ Ser y estar

Se usa «ser» con adjetivos que describen cosas independientes de variaciones circunstanciales (el café, por ejemplo, es negro o marrón); «estar» se usa para describir el estado en que las cosas se encuentran en una circunstancia determinada (café frío o demasiado caliente, azucarado, quemado, etc).

Utiliza los siguientes adjetivos para formar frases con «ser» o «estar» para describir la habitación de Jan: pequeña, abandonada, húmeda, ruidosa, descuidada, sucia.

«No me digas que no te gusta este lugar. Estás en Barcelona, la ciudad más fascinante del mundo. No necesitas confort. ¿O sí?»

«Bueno...», confieso, «sí... un poquito.»

«Yo también», se ríe Freddy y añade. «Me voy a duchar. ¿Descansas para la fiesta?»

«No sé», confieso. Dejo mi mochila en mi habitación, y miro por la ventana mientras como mi bocadillo (que está delicioso; comprendo por qué Emi dice que va a engordar en España).

Por la ventana veo la plaza y la gente. Escucho ruido de conversaciones, música, una radio (o la televisión) y el ruido del bar: más conversaciones, 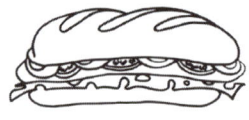 vasos y platos que chocan entre sí, pedidos del camarero a la cocina, de los clientes al camarero. Cae la tarde y hay mucha actividad. Yo estoy muy contento: acabo de llegar a España y ya tengo trabajo, nuevos amigos y esta noche vamos todos a bailar.

Saco mi teléfono móvil de la mochila y llamo a mis padres. Les digo que he llegado bien y que tengo el trabajo. Se ponen más felices que yo.

4. Mi primera disco

Comemos algo antes de salir. Pilar no ha llegado y Emily ha comprado distintas cosas. Estamos los cuatro en los sillones de nuestra sala de estar, como esta tarde, pero ahora es de noche.

Florence observa la mesa frente a ella. Parece triste o desanimada.

«¿Qué ocurre?», le pregunto.

«Chorizo, jamón, calamares...»

«Genial, ¿o no?»

«¡Un horror!»

«¿Por qué un horror?»

«No puedo comer casi nada. Sólo el queso y las aceitunas.»

«¿Eres alérgica?»

«Soy vegetariana.»

«Lo dices como si fuera un problema.»

«¿Te cuento una anécdota? Pues bien:

No más llegar a España, hace una semana, voy por la calle caminando y mirando escaparates cuando entro en un bar a comer un bocadillo de queso.

—Bocadillos de queso no hay –me dice el camarero. Yo miro el menú y encuentro bocadillos de jamón y queso. Llamo nuevamente al camarero y le digo:

—Disculpe, pero es que aquí leo que hay bocadillos de jamón y queso.

—Sí –dice el camarero, –de jamón y queso hay, pero de queso no hay.

Y lo dice tan serio, que creo volverme loca, así que le propongo:

—Mire, puede coger el bocadillo de jamón y queso, le quita el jamón y me lo trae sin el jamón. Si es por el dinero, puedo pagar el bocadillo completo.

No era una propuesta muy extraña, pero seguramente en ese bar sólo se comía jamón, porque el camarero me contesta:

—Mire, si es lo que quiere, entonces le traigo el bocadillo de jamón y queso y usted le quita y le pone lo que quiere.»

> ✏️ **Gerundio**
>
> El gerundio expresa una acción paralela o simultánea con el verbo conjugado, aquí: «voy por la calle caminando y mirando escaparates». Se utiliza para describir la manera en que se hace una cosa. Un uso derivado de las acciones paralelas es el gerundio con «estar» para describir lo que se hace en el momento actual: «En este momento estoy leyendo un libro en español».
>
> Utiliza gerundios para completar acciones paralelas en las frases: «Paseo por la ciudad...», «Estudio español...», «Leo un libro...» y «Como un bocadillo...».

Flo se ríe cuando termina su cuento. Su risa es preciosa. Yo me pregunto si tiene novio y pienso «Qué afortunado el novio de una chica como ella». En ese momento deseo escuchar sus anécdotas toda la noche; pero justo llega Pilar y nos anuncia:

«He llamado a unos primos que tengo en Barcelona y me han dicho adónde podemos ir a bailar. Uno de sus amigos vive por aquí y nos va a llevar en coche.»

Comemos y charlamos hasta la hora de salir. Es tan tarde, que me quedo dormido en el sillón. Pilar me despierta con suavidad.

«Es la hora de salir, Jan; ¿quieres venir o prefieres quedarte a dormir?»

Miro mi reloj. Es muy tarde. Yo prefiero desayunar a esta hora, pero digo: «No, no, claro que voy. Sólo estaba meditando.» Freddy se ríe muchísimo de mi comentario.

Salimos a la calle y nos apretamos en un coche pequeñito, deportivo, bajo e iluminado con luces ultravioletas.

«Hola», soy Juan, dice el amigo de los primos de Pilar. Es muy simpático, pero cuando se pone en marcha no podemos conversar porque el coche es también como una disco con la música muy, pero muy alta.

«¿Adónde vamos?», grita Emily.

«A Razzmatazz. Es una famosísima discoteca que también funciona como sala de conciertos. No está lejos de aquí. Está cerca de la Ciudadela.»

Veo la ciudad pasar velozmente por la ventanilla. Hay muchos coches en la calle y gente en los bares. En la Rambla todavía hay gente paseando, estatuas vivientes y chicos tocando la guitarra.

Veo al chico que imita a mi ídolo del fútbol. «Ey, podemos parar un segundo», digo, pero nadie me oye con esa música. Igual estoy contento de conocer Barcelona por la noche.

El coche llega casi hasta el mar, giramos en el monumento a Colón y vamos hasta una calle muy ancha que se llama «Marqués de la Argentina». Damos toda la vuelta a la «Ciutadella» a 100 kilómetros por hora y al fin llegamos.

! Cristóbal Colón, el descubridor de América, es un personaje muy importante en España. En otros países de Europa, sin embargo, es considerado negativamente a causa de la matanza de los indios que hicieron los españoles en América. Muy curiosamente, también en buena parte de Latinoamérica es un personaje admirado porque se lo identifica con una imagen de coraje y valentía y porque responde al ideal de un hombre dedicado a una causa y fiel a una idea.

Razzmatazz es un edificio grande de ladrillos, con aspecto de construcción industrial.

Afuera nos esperan los primos de Pilar con sus amigos. Nos saludan como amigos de toda la vida y entramos. Es un sitio muy grande, con las paredes pintadas de negro. En una pared está escrito RZZ con letras estilo Jazz. Hay pantallas donde se proyecta la letra Z con luz.

«Esto no es nada», nos dice a gritos José, el chico que conduce a 100 por hora, «hay diez salas con distintos tipos de música en tres plantas; se puede bailar adentro y afuera y hay conciertos fabulosos».

Es cierto, el lugar es enorme y hay mucha gente. Algunos bailan, otros charlan a gritos. Yo quiero bailar con Florence, pero siempre que lo intento se acerca un chico y le invita a bailar. Espero un rato, y cuando el chico va a buscar algo para beber, otro se acerca a bailar con ella. Así pasa Flo toda la noche, siempre bailando con otro.

Pilar tiene muchos amigos; siempre está en el centro de un grupo, rodeada de chicos y chicas.

También Freddy baila con muchas chicas. Organizan bailes diferentes, imitando los bailes de Bollywood, de los 60 y del breakdance. Todos los que están bailando cerca los siguen como en una academia de baile. No puedo resistir y voy a bailar yo también. Es muy divertido.

Al cabo de un rato muchos caemos agotados en las sillas de la planta de arriba, pero Freddy y un par de chicas siguen organizando bailes y coreografías. La música cambia.

Yo me siento en el suelo a descansar y escuchar música. Es una mezcla de rock, pop y música española. El mismo cantante canta a veces en catalán, otras veces en español.

Emily se sienta a mi lado. Está vestida de negro, como esta tarde, pero se ha recogido el cabello y tiene los labios pintados... de negro.

«¿Te gusta la disco?», me pregunta. Su ropa completamente negra la vuelve invisible en la oscuridad y su rostro blanco resalta con las luces como iluminado. Por primera vez me parecen muy bonitos sus labios pintados de negro y su estilo de vampiro.

«Sí, ¿y tú? ¿No quieres bailar?»

«No. Nunca bailo. Prefiero escuchar música.»

«¿Sabes qué música es?»

«*Fusión catalana* debe ser», dice Emily. Se pone de pie y sube hasta donde está el disc-jockey, un chico joven con unas gafas enormes de Clark Kent. Emi charla un rato con él y vuelve con la caja del CD. Me asombra lo alta que es. Vestida de negro y tan blanca, con ese pelo tan rojo, parece un personaje en una película de Tim Burton.

Al fin viene y me da la caja del CD: *La troba Kung-Fú*.

No conozco la banda. Pero claro, en Alemania no existe la «fusión catalana», y mucho menos si esa fusión es de *Latin / Folk / Dub / Rumba Catalana / Rumbia* como anuncia el CD.

Trato de leer las letras. Están en inglés, en catalán y algunas en español.

«Mañana tenemos que buscar videos en YouTube. Siempre investigo en la web las novedades.»

«Y hablando de novedades», le pregunto «¿quieres bailar?»

«Te he dicho que no bailo. Pero ahí está Pilar», me dice, y le grita: «Pilar, quieres bailar con este chico, que no conoce la Rumba?»

«Por supuesto», contesta Pilar y baila conmigo. Emily va a devolver la tapa del CD al disc-jockey. Mientras bailo, la veo ir a la barra a tomar algo.

Si tú miras pa arriba
cruzo los mares pal polo norte
si tú miras pa abajo
en mi bañera me quedo a flote
si tú miras pa atrás
solo deseo verte marchar
si tú miras pa alante
adelantarte y así esperarte

> **◀ Apócopes**
>
> La forma «pa» es en lengua popular una preposición acortada (se dice: «apocopada»), como ocurre con «pa alante», donde «alante» también es una forma apocopada que significa «adelante».
>
> ¿Qué preposición es este «pa»? Y ¿qué significa «pal» en la frase «cruzo los mares pal polo norte»?

«¿Te gusta esta banda? ¿La conocías?», me pregunta mientras bailamos.

«No la conocía pero me gusta mucho. Es muy extraña.»

«¿Extraña? Pues no tanto, eh. Sabes que hay bastantes grupos en esa línea. Está el grupo *Dusminguet*, que son 8 chicos que tocan la guitarra, el acordeón y otros instrumentos. La música es una mezcla de cumbia, ska y diversos ritmos latinos. Están también otras bandas como *Gertrudis*, *La Pegatina*... Son los herederos de *Manu Chao*... Es la generación post-Manu, digamos.»

Pilar grita muy cerca de mí pero es difícil entender todo. A Manu Chao sí lo conozco.

Pilar me dice «Nos vemos» y sigue bailando con amigos de sus primos. Busco a Florence, pero está bailando con Juan, el chico del coche-discoteca. A Freddy no lo veo. Emily conversa con alguien. Ya es tarde y estoy muy cansado. Pero estoy feliz de estar allí.

A la mañana siguiente, a las diez, estamos todos en la oficina de «Guía Total» con grandes tazas de café.

Pilar (de pie junto al mapa de Barcelona y a una pizarra con horarios y fechas) dice: «Bueno, vamos a organizarnos».

Freddy bromea: «¿Tiene que ser hoy?» Aunque ha dormido muy poco, está completamente despierto, recién afeitado y huele a desodorante.

Barcelona, con una población de 1.615.908 habitantes (en 2008) tiene una superficie de 100,4 kilómetros cuadrados. La isla de Formentera, con la misma superficie, tiene sólo 9.000 habitantes. En Barcelona se encuentra (en el barrio del Exaimple) la mayor densidad de población de España.

Emily está más pálida que ayer y lleva la misma ropa. Me pregunto si ella ha dormido algo. Pilar le responde a Freddy: «Mucho tiempo no hay. No olvides que tenemos vacaciones en Barcelona si terminamos la guía antes de nuestro límite de tiempo.»

«Podemos estar todo el día en la playa», dice Florence. Con los ojos casi cerrados, habla con la taza de café frente a su boca. «Yo *necesito* unos días en la playa.»

Pilar toma la palabra: «Es cierto. No tenemos mucho tiempo. Es una ciudad enorme y sólo contamos con tres meses para recorrerla.»

«La idea es esta: Cada día cubrimos una zona del centro distinta o un barrio. Es muy importante escribir cada día lo que se ha visto. Y es importante que cada uno lo escriba a su manera en su idioma. Por eso somos cinco. Es mucho mejor, más rápido y más auténtico que escribir el texto en un idioma y traducirlo a los otros.»

«¿Tu estarás aquí?»

«Yo estaré aquí, en la oficina. Tengo que leer todos vuestros reportes. Y después de leer todo, escribiré un texto en castellano con esa información.»

«¿*Du sprichst also auch Deutsch?*» pregunto.

«*Genug*. Y también un poco de francés, inglés e italiano. No puedo corregir el estilo, pero sí comprender lo que decís.»

«¿Hablas cinco idiomas?»

«Siempre me han gustado los idiomas y los viajes. Soy fanática de las guías de viaje. Leo la *Lonely Planet* como otra gente el periódico. Y para volver al tema, también es mi trabajo organizar, coordinar y buscar puntos de interés. Aquí hay dos ordenadores. En la pizarra ponemos el horario en que usamos los ordenadores. Yo calculo dos horas por día cada uno para escribir y seis horas para estar en la calle. Una pausa para comer y media o una hora para viajar por la ciudad.»

«Llegar de un punto a otro no es ningún problema. Todos podemos ir en bici», comenta Freddy.

«Ni loca», murmura Flo tras su taza de café. Y otra vez me alucina su belleza.

«Yo no sé ir en bicicleta» contesta Emily. «En el siglo XIX eran las bicicletas un milagro de la técnica, pero hoy son antiguas. Tenemos suerte de pertenecer al siglo XXI. Ya no necesitamos mover nosotros mismos ninguna rueda; basta con oprimir botones.»

«Son espectaculares los botones del siglo XXI», dice Freddy con ironía.

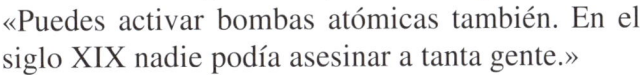

«Puedes activar bombas atómicas también. En el siglo XIX nadie podía asesinar a tanta gente.»

«Podemos discutir más tarde las ventajas y desventajas de nuestra época. Ahora es importante organizarnos bien. Y no perder tiempo.»

«¿Vamos juntos o separados?»

«Es igual. Se puede elegir cada día. Tal vez es mejor ir juntos. Pero no todo el día, por los horarios del ordenador.»

«Pilar», dice Emily, «no quiero ser monotemática, pero estamos en el S. XXI, el trabajo sería mucho más cómodo con ordenadores portátiles.»

«Tal vez más adelante podemos comprar ordenadores portátiles. Ahora no tenemos tanto presupuesto.»

«Bueno, salimos a la calle, entonces», dice Freddy, y todos nos levantamos.

Cuando bajamos la escalera, pregunto: «¿Este edificio está vacío?»

«Creo que sí. ¿Por qué?»

«Estoy pensando algo.»

«Los *alemanos* son todos filósofos», dice. Yo no respondo y él me aclara: «Es un chiste.»

«Ya sé», le contesto. «Quizás tienes razón; al menos en este momento estoy pensando algo.

5. Un día de trabajo

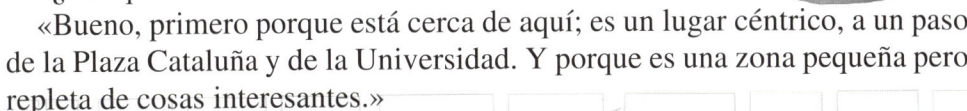

«Hoy es fácil», dice Emily. «Vamos a la zona del *Triangle*.»

«¿Por qué es fácil?»

«Bueno, primero porque está cerca de aquí; es un lugar céntrico, a un paso de la Plaza Cataluña y de la Universidad. Y porque es una zona pequeña pero repleta de cosas interesantes.»

«Oh, no», dice Flo cuando llegamos: el Triangle es un centro comercial.

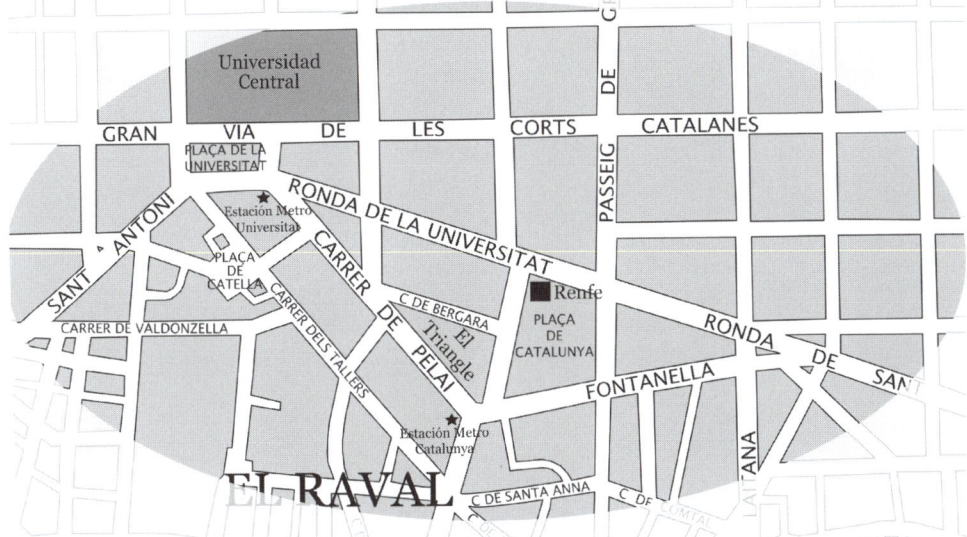

«Es mejor para comenzar», opino, «aquí seguramente hay tiendas que conoces. Imagina estar en un sitio donde nadie habla castellano y no entiendes si es un bar o una zapatería.»

«Es cierto que es un centro comercial, pero no está mal», agrega Emily. «Aquí está la primera tienda *Apple* de España, hay un *Desigual*, y organizan también muy buenos conciertos. También hay una enorme librería con tienda de CDs y DVDs. Vamos.»

♪ Hay

«haber» es un verbo auxiliar en español que se usa también en 3ª persona singular con el sentido de «existir». Se utiliza sólo para expresar la existencia de cosas indeterminadas o generales y por eso con artículos y pronombres indeterminados. Ejemplo: «En el Triangle hay un bar.» No se sabe qué bar es, sólo que hay uno. También: «En el Triangle hay una tienda de Desigual». Busca cinco tiendas en el directorio del centro comercial del Triangle y descríbelas. *www.eltriangle.es/cas.*

Preparamos nuestras libretas de apuntes y entramos en el centro comercial.

«Parecemos inspectores del Ministerio de Sanidad.»

«Más bien agentes de control de tránsito», dice Flo, y todos nos reímos.

Recorremos velozmente el centro comercial, pero después tenemos que esperar horas a Flo-rence (que está en la librería) y a Emily (que está en la tienda de computación).

Freddy y yo caminamos un poco y al fin entramos en un café para charlar. El nombre del café nos llama la atención: *Havanna* se llama el lugar.

«¿Es un bar cubano?», pregunta Freddy a la camarera, una joven muy especial, elegante y amable. Pedimos un café y algo para comer.

«No. Es una cadena internacional de cafés con una especialidad muy particular: los *alfajores*», nos explica la chica. Es tan simpática que si me ofrece un cruasán de madera o de piedra, lo como.

«¿Es una especialidad típica de Barcelona?», pregunto. La chica se ríe y me responde:

«Los alfajores son argentinos, pero en Barcelona, como en Nueva York, somos multiculturales.»

«Nosotros somos multiculturales también», dice Freddy. «Probemos los *ascensores*.»

La simpática camarera y yo nos reímos.

«¿Pero qué pasa? ¿Cuál es el chiste?», pregunta Freddy, un poco enfadado.

Al fin le explicamos que los ascensores son otra cosa y la camarera le pide perdón por reírse de él.

«Es un honor para mí», le dice Freddy. «Y es un placer escuchar tu risa. Puedo venir todos los días a escuchar tu risa. Pero mañana vengo sin mi amigo *alemano*.»

La chica sonríe. No está molesta por los comentarios de Freddy. Nos trae los alfajores, que son dulces y redondos, como galletas, pero más suaves, más grandes y mucho más dulces, cubiertas de chocolate y rellenas de un caramelo que la chica llama «Dulce de leche».

Son deliciosos. Y el café que tomamos también. Comemos varios alfajores y pedimos una caja para las chicas.

«Son ideales para Flo, que no come jamón, chorizo ni nada.»

«¿Por qué no come jamón?», pregunta Freddy. «No comer jamón en España es como ir a Roma y no visitar el Coliseo.»

«Es vegetariana», le explico.

«¿De verdad? Pobre. Ser vegeta- riano en España o en Italia es como ser nadador en el Sahara.»

En España se editan 75.000 libros al año. En Alemania 78.000; en Francia 39.000; en Italia 32.000 y en el Reino Unido 110.000 libros.

«Sí, ya me ha contado Flo un poco. Es curioso, porque en Alemania es muy normal.»

«¿Normal? ¡Qué raro! A mí no me parece normal. Los conejos son vegeta- rianos, no los hombres. Un hombre vegetariano es como...»

«Freddy, ya es suficiente con las comparaciones.»

«De acuerdo. Hacer muchas comparaciones es como vivir en el Trópico. A los pocos días ya no quieres ni sol ni calor.»

«Mejor buscamos a las chicas», propongo.

«Te pido un favor: ¿puedes ir tú primero? Necesito estar solo unos mo- mentos.»

«Claro.»

Dejo a Freddy en el Havanna y voy a la librería.

Es una librería muy, muy grande, que además tiene CDs y DVDs. Pero encuentro a Flo fácilmente. Simplemente pregunto por la sección de poesía. Y allí está, sentada en el suelo leyendo un libro. Pero primero no me acerco. Me gusta observarla. No sólo porque es preciosa. Tal vez porque una chica hermosa que lee poesía es aún mucho más hermosa. Me acerco y la saludo.

«Hola», me contesta sonriendo.

«¿Qué estás leyendo?», pregunto. ¡Que poco original soy! El día que la conocí le pregunté lo mismo.

«Bueno. *Leer* no se puede decir. Más bien *mirar*. Se trata de Joan Brossa, un artista catalán. Hace poesía visual.»

«¿Poesía *Visual*?»

«Algo intermedio entre poemas y dibujos. Es una corriente importante aquí en Barcelona. Ahora te enseño uno que me encanta.»

Flo pasa unas páginas y al fin me muestra un poema visual:

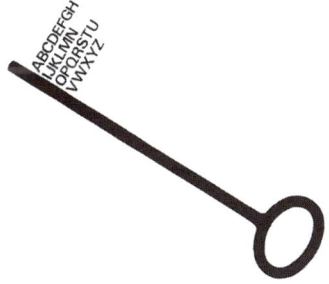

Luego otro:

B RCELON

«Barcelona y un imán. ¡Qué idea! Nunca he visto algo así.»

«Hay muchos chicos jóvenes en Barcelona que también trabajan con la imagen. En Barcelona es fundamental la «polipoesía». Eduard Escoffet es uno de los mejores poetas. Enric Casasses también es muy interesante, con una poesía muy joven aunque nació en el 51.»

«¿Dónde has aprendido tanto de poesía catalana?»

«Google, Wikipedia, Twitter, Blogs. Y a ti, ¿te gusta la poesía?»

«Nunca he leído mucha poesía, pero siempre me ha gustado Rilke y ahora me interesan algunos nuevos chicos jóvenes alemanes.»

«¿Sabes que Rilke viajó por España. Pasó por Ronda, estuvo en Toledo...»

Florence sonríe y devuelve el libro de poesía visual a su sitio y en ese momento me doy cuenta (en ese *exacto* momento) que tengo 21 años y nunca me he enamorado.

✏ **Pretérito Perfecto**

El perfecto implica siempre un vínculo de la acción con el momento presente, por eso se usa con algunos adverbios que señalan esta relación, como «siempre» y «nunca». ¿Qué has hecho tú regularmente y qué no has hecho jamás? Escribe 5 frases con «nunca» + perfecto y 5 con «siempre» + perfecto.

«Te he traído algo que se llama «alfajores». No te preocupes; son vegetarianos.»

Flo sonríe. «Gracias», me dice y añade: «¿Vamos a buscar a los otros?»

No quiero molestar a Freddy, así que subimos a la tienda de ordenadores a reunirnos con Emily.

«¡Que bueno! Habéis traído algo de comer», exclama. «Estoy muerta de hambre.» Con su piel tan pálida y toda vestida de negro, la frase suena muy verdadera.

«Son alfajores vegetarianos», insisto.

«Necesito un ordenador nuevo», confiesa Emily. «Si trabajamos duro estos 18 meses quiero ahorrar lo suficiente.»

En ese momento recuerdo lo que dice Freddy: que los *alemanos* somos filósofos. Se me ha ocurrido una idea cuando he visto la primera planta vacía en el edificio de la oficina. Ahora tengo otra idea. Y dos ideas son casi un plan.

«Emily, ¿estos ordenadores nuevos se conectan entre sí?»

«Primero: puedes llamarme «Emi», y segundo: estamos en la época de la Nanotecnología, Jan. ¿Vienes de Alemania o del Polo? Por supuesto que los ordenadores se conectan. ¿Has oído hablar de Bluetooth ¿De WiFi?» No quiero confesar que en el periódico donde trabajaba en Alemania aún se usan máquinas de escribir.

«Claro, yo sólo...»

🔊 Pronunciación

Muchas palabras y nombres extranjeros muy conocidos se pronuncian en castellano como en el idioma original (como «Shakespeare»), pero otras se pronuncian en español, como «Van Gogh», donde la *uve* se pronuncia como una *be* y la *gh* no se pronuncia. En «Havanna» no se pronuncia la H.
Pronuncia en español tres nombres propios de tu país que suenen distinto que en tu idioma.

«Los cables, Jan, pertenecen al pasado. Estos ordenadores trabajan 8 horas con las mismas baterías y se conectan con la impresora, el teléfono móvil y muchas cosas más. Todo se transmite por ondas y por supuesto también se pueden conectar dos, tres y mil ordenadores. Los cables son historia. Puedes incluso tener la misma agenda, escribir una cita y que todos nosotros la veamos.»

«¿Cuánto cuesta el ordenador portátil que quieres?», le pregunto.

«El que yo quiero, bueno... Tú sabes, con la tecnología se puede querer infinitamente, siempre más. Pero el modelo básico es suficiente para mí. El problema es que no puedo vender mi TS que vale una fortuna porque es una pieza única.»

Hago una cuenta sencilla y comprendo que dos semanas de hotel cuestan lo mismo que los ordenadores. Y si estamos conectados...

«No te preocupes. No tienes que vender tu TS para comprar otro», le aseguro.

«¿Cómo? ¿Por qué lo dices?»

Justo en ese momento llega Freddy.

«Hola chicas, hola Jan. ¿Todo bien? ¿Han comido muchos *ascensores*?»

Las chicas hacen la señal de que Freddy y yo estamos locos cuando nos reímos.

«Bueno, vamos. Tenemos mucho que recorrer.»

En las escaleras mecánicas bajo al lado de Freddy y le pregunto:

«¿Qué tal con la chica del *Havanna*?»

Freddy abre su libreta de inspector del Ministerio de Salud y me muestra una página donde está escrito: *Mara* y un número de teléfono.

«Estoy enamorado», me dice sonriendo.

«Yo no», pienso, «yo nunca me he enamorado»; pero no digo nada.

Subimos por la Calle Pelayo hasta la Plaza de la Universidad.

«Barcelona no es una ciudad. Es un collage de distintas ciudades, son al menos dos o tres ciudades juntas», comento. «No la conozco tanto aun, pero veo calles y barrios muy modernos, otros de mucho lujo, otros viejos y descuidados, y algunas zonas muy extrañas.»

> ◁) **Descripción**
>
> ¿Cómo es tu ciudad? ¿Es uniforme o variada, tradicional o moderna, conservadora o innovadora?

«¿No son todas las ciudades así?», pregunta Emily. Yo conozco pocas ciudades, como Bruselas y Colonia, que no son así. Hay barrios muy bonitos y otros muy feos, pero aquí parecen estar mezclados en cada calle.

«Jan tiene razón», opina Flo. «Vamos a ver las calles pequeñas de por aquí.»

Seguimos la propuesta de Flo y entramos en una calle angosta con una iglesia muy bonita. La iglesia es muy antigua y está muy limpia. Las paredes están llenas de graffitis. Más allá hay un bar con un letrero que pone «Cervesería».

«¿No se dice *Cervecería*?», pregunta Flo.

«Sí. Debe ser catalán», propone Freddy.

Esto tenemos que anotarlo para la guía.

Estamos en el Carrer dels Tallers, un sitio ideal para la guía, con la cervesería, un bar irlandés, un restaurante chino, una extraña puerta pequeña donde dice: «Club de rock» y enfrente un supermercado asiático.

Descubrimos una pequeña tienda de CDs alternativa en la calle de Valdonzella y aprovechamos para comprar «fusión catalana».

Tomamos muchas notas para la guía.

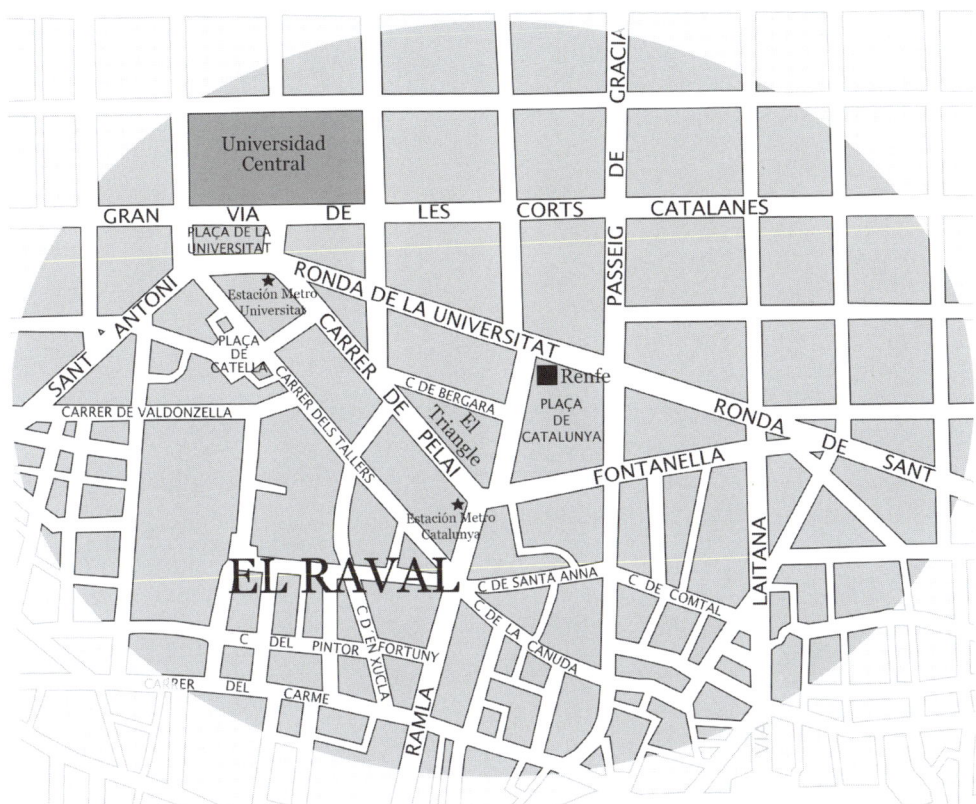

«Mira, un hotel», descubre Freddy. «Vamos a verlo.»

Es un hotel pequeño y moderno, muy bonito. Pero la habitación cuesta mucho más que nuestras habitaciones en el bar.

Más tarde, volvemos todos juntos a la oficina, cansados y felices.

«Hemos olvidado los horarios», dice Flo. Pilar nos ha propuesto escribir nuestro nombre para reservar por dos horas los ordenadores de la oficina; pero lo hemos olvidado.

«También hemos olvidado de comer», agrega Emi. Es cierto: tampoco tuvimos tiempo de comer. Nuestro trabajo es apasionante, pero sin duda agotador.

✏️ **También y tampoco**

Se usa «también» para unir dos afirmaciones y «tampoco» para unir negaciones.

¿Qué has hecho hoy? Escribe dos frases sobre cosas que has hecho hoy unidas por «también» y dos frases sobre algo que no has hecho unidas por «tampoco».

«Si están de acuerdo, Flo y Emi pueden ocupar los ordenadores primero. Yo voy a buscar algunas tapas al bar de abajo.»

«De acuerdo», aprueba Emi.

«Pero no te olvides de comprar queso. Mucho queso.», pide Flo.

Yo me pregunto qué puedo hacer, pero al subir la escalera tengo una idea. No voy a la oficina de Guía Total. Me quedo en los pisos de abajo.

«¿Qué vas a hacer en esos apartamentos abandonados?», me pregunta Flo.

«Tengo un plan. Después te lo cuento.»

6. Mi plan

Las dos puertas de la primera planta están cerradas con una pesada cadena. Son tan viejas que se abren cuando las golpeo un poco.

Entro a un hermoso piso antiguo, con altos techos decorados y paredes con papel de flores. Está muy sucio y abandonado, pero es muy bonito. Hay muchas habitaciones y hay agua en el baño. No funciona la electricidad, pero hay muchísimo sitio.

El hotel del Carrer dels Tallers es mucho más bonito, claro; pero nuestro alojamiento arriba del bar es muchísimo peor.

Salgo y cierro la puerta como antes. Entro en el otro apartamento y me llevo una sorpresa: en el medio del salón hay una montaña de muebles cubiertos con una sábana. Me acerco a las ventanas. Buena suerte: los cristales no están rotos.

La calle es muy angosta; por eso el piso es un poco oscuro y está bastante descuidado. Pero es tranquilo y silencioso, porque por el Carrer de Sant Pau no pasan coches. Tampoco hay una plaza enfrente, como en el sitio donde vivimos ahora. Enfrente hay una droguería y más allá un par de tiendas, pero ningún bar ni olor a comida como en nuestro «hotel». Es un lugar mucho mejor para vivir. Aquí me siento a gusto.

> ✎ **Léxico**
>
> «calle muy angosta», «piso un poco oscuro», «piso bastante descuidado». Los adverbios «muy», «un poco» y «bastante», así como «demasiado» o «nada» señalan el grado del adjetivo. Ordena estos adverbios de menor a mayor.

En el edificio de enfrente, justo al otro lado de la calle, hay una ventana con un largo gato negro que duerme la siesta. He visto ya varios gatos en España y son todos muy delgados. Me pregunto por qué en Alemania son mucho más gordos y cómo son en otros países.

Observo la calle estrecha. La ventana que veo al otro lado de la calle, donde el gato duerme la siesta, está tan cerca, que si extiendo mi mano y otra persona en la ventana de enfrente hace lo mismo, nos tocamos los dedos.

Abro la ventana y me asomo afuera. Veo dos personas limpiando la ca-

> ❗ Las alcantarillas de Barcelona se extienden por 1.693 kilómetros bajo la ciudad. El ayuntamiento organiza regularmente visitas guiadas a los túneles. Pregunta en el Ayuntamiento, Pl. Sant Jaume 1, Barcelona.

lle. Es curioso, pero el agua que usan para limpiarla corre por el centro de la calle, no a los lados. Debo preguntarle a Pilar por qué.

Escucho los ruidos de la calle, observo los cristales de las ventanas intactos y los altos techos y no tengo dudas. Mi plan es magnífico. Estoy contento. Sólo debo hablar con Pilar.

De modo que subo las escaleras y entro a la oficina de Guía Total.

Florence y Emily siguen sentadas enfrente de los ordenadores, escribiendo. Pilar habla por teléfono.

Sobre la mesa hay barras de pan, jamón, queso y chorizo. Me imagino que en España todas las mesas están cubiertas de panes y chorizos. Tal vez la gente compra las mesas con chorizo y pan incluidos.

«Saludos de Freddy», me comunica Florence. «Dice que en una hora viene a cumplir con su turno para escribir. He descubierto algo muy interesante en la Web. ¿Quieres verlo? ¿Te interesa la danza contemporánea?»

«Claro.»

«Es algo que se llama *La marató de l'espectacle*. Aquí está.» Me señala la pantalla del ordenador. Ha abierto la página *www.marato.com*.

ASSOCIACIÓ CULTURAL MARATÓ DE L'ESPECTACLE
benvinguts bienvenidos welcome bienvenue

«Qué simpático como se dice *Bienvenido* en catalán: *Benvinguts*», digo. Entra en la opción en español y me lee:

Festival Internacional de Danza en Paisajes Urbanos
DIES DE DANSA es un festival de danza contemporánea en paisajes urbanos. Es un proyecto cultural anual que se desarrolla en Barcelona y que se integra dentro de la programación del GREC, Festival de Verano de Barcelona. Durante cuatro días, edificios, parques, calles y plazas de la ciudad cobran vida en este encuentro entre la danza, el público y el espacio urbano

«Mira, hay un vídeo.»
«Hay muchos. Son links de You Tube.»

𝄐 **Expresión escrita**
Ve un vídeo del festival de danza y escribe cuatro frases sobre él.
(*www.marato.com/ESPANYOL/DDD/HOME_DDD.htm* en la opción «Imágenes»)

Paseamos un rato por YouTube y descubrimos un par de vídeos interesantes. «Tenemos que escribir sobre el festival en la Guía Total.»

«Claro, pero ahora tengo que seguir. ¿Puedes volver en media hora?»

«Sí, no hay ningún problema. En realidad quiero hablar con Pilar.»

Me sirvo un café y me siento. Cuando termina de hablar por teléfono, Pilar se sienta conmigo.

«¿Y? ¿Qué tal el primer día?», me pregunta. ¿Te has sentido bien por las calles de Barcelona?»

«Muy bien. Me encanta el trabajo. Y se me ha ocurrido una idea para hacerlo aun mejor.»

«¿Una idea? ¿Cuál?»

«¿Tienes un minuto? Si me acompañas, te muestro algo.»

Pilar me sigue, extrañada, fuera de la oficina.

En las escaleras le pregunto: «Tú alquilas todo este edificio, ¿no?»

«Bueno, la Guía Total lo ha alquilado. Se trata de una empresa muy joven con un par de proyectos editoriales relacionados con el turismo. El presupuesto de nuestro proyecto nos permite pagar sueldos, alquilar la oficina y tener un poco de dinero para gastos: lo que comemos en la calle, las cosas que necesitamos en la oficina, etc. Han alquilado el edificio entero porque es barato, pero las otras plantas no se pueden habitar.»

Ya habíamos hablado de eso en mi entrevista de trabajo, pero igual lo repito:

«Y con nuestro sueldo nosotros pagamos el alojamiento.»

«Sí, así es.»

«¿Y qué pasaría si este edificio sí se pudiera habitar?»

En ese momento llegamos a la segunda planta. Abro la puerta y la llevo al sitio donde se ve el gato de la casa vecina.

«¿Comprendes lo que digo?», pregunto. Ella también se siente a gusto aquí y de inmediato lo compara con nuestras habitaciones.

«No está mal, de verdad», reconoce.

«Nada mal.»

«¿Tu plan es arreglarlo para vivir aquí? ¿Y de dónde sacamos los muebles? Es mucho más barato vivir en el hotel que comprar todo.»

◁» Pronunciación

Practica la pronunciación de las palabras «internacionales»: farmacia, teléfono, hotel. Repasa la regla de acentuación para «farmacia» y recuerda que la *h* no se pronuncia nunca, como por ejemplo en «hotel» («habitación», «hola», «hielo»).

Entonces la llevo a la otra habitación, la que tiene todos los muebles en el medio.

«Increíble. Podemos vivir perfectamente con tantos muebles. Y tenemos muchísimo espacio.» Pilar se entusiasma con mi idea.

«Sí. No hay olor a comida, ni una plaza con fiestas enfrente. Es mucho mejor que las habitaciones del bar.»

«Sólo habría que ordenar un poco, limpiar y acomodar. Tengo una idea. Podemos llamar a todos los amigos y hacer una fiesta después.»

«Sí. Buena idea.»

«Vamos a preguntarles a los demás si están de acuerdo.»

«Bueno... para decir la verdad, esto es sólo *una* parte de mi plan.»

«¿Quieres decir que hay más?»

«Exacto. Pero quiero hablar contigo primero. Tú eres la jefa y debes tomar la decisión.»

«La palabra *jefa* no me gusta mucho. Prefiero *coordinadora*, tal vez *organizadora*...»

«Como quieras. Lo importante es la decisión. Y creo que tú tienes que hablar con los chicos.»

«Claro, quiero conocer tu idea.»

«Este es mi plan: venimos a vivir aquí y ya no tenemos que pagar el hotel. Con el dinero que ahorramos compramos un ordenador portátil para cada uno. Entonces recorremos la ciudad por la tarde, cuando todas las tiendas están abiertas y por la mañana nos sentamos aquí a escribir.

Pero esto es lo mejor: mi propuesta es ir cada uno a un barrio distinto, a calles diferentes, y después, cada uno cuenta a los demás lo que vio y los otros escriben esa información en su idioma. Tú ahorras mucho tiempo, porque no tienes que leer todo si escuchas lo que conversamos, y además todos pueden opinar. Así, estaremos de acuerdo y tendremos la misma opinión sobre todas las tiendas, las calles, los bares y los puntos de interés.»

Pilar medita mi propuesta. Camina por el piso desierto. Sonríe.

«No es mala idea. Y seguramente podemos trabajar mucho más rápidamente y terminar antes. De lo contrario, nos espera un año y medio sin vacaciones, repleto de trabajo.»

«En cambio, así podemos descansar entre una y otra ciudad.»

«Es una idea excelente. Vamos a reunir a todos.»

7. Hogar, dulce hogar

Los demás también han estado de acuerdo en arreglar el piso. Yo estoy tan contento que me he comprado mis dos primeros libros en español en España.

Se trata de *La ciudad de los prodigios*, de Eduardo Mendoza (un libro poético y complejo que he leído en alemán y me ha fascinado) y de un tomo del famoso *Milenio Carvalho* (las aventuras finales de Pepe Carvalho, un detective de Barcelona muy irónico al que le gusta cocinar y tiene un curioso sentido del humor. Con Marlowe, Maigret, Walander y Sherlock Holmes es uno de los detectives literarios más interesantes de la historia).

No sé si mi «español básico» es suficiente, pero son libros que deseo tener.

Tomamos el viernes libre y trabajamos todo el día en el piso. El sábado por la mañana nos reunimos para continuar.

Pilar tiene una idea para motivarnos.

🖉 Los días de la semana
Busca en el diccionario los otros días de la semana y escribe siete frases para contar qué ha hecho y qué hace Jan cada día de esta semana.

«Podemos dar una fiesta hoy. Así nos obligamos a terminar ya.»

«¿Otra fiesta?» pregunta Emily. «Para mí es demasiado. No he tenido tantas fiestas en toda mi vida.»

«Bravo», dice Freddy. «Necesito un minuto para hablar por teléfono.»

«¿Invitas a tus primos, Pilar?», pregunta Flo. «Son simpáticos.»

«Claro» dice Pilar y yo siento celos. Estoy celoso de todos los primos de Pilar, sus amigos y hasta de los vecinos.

«Estos franceses...», intento bromear, «...siempre piensan en el amor.»

Flo me lanza una mirada de pocos amigos.

«Disculpa. Sólo quiero ser chistoso.»

«Y hablando de chistoso, ¿dónde está Freddy? No me digas que no viene a ayudar.»

🖉 Derivados
«celoso» es un adjetivo derivado del sustantivo «celos», como «chistoso» deriva del sustantivo «chiste». ¿Cómo son los adjetivos derivados de los sustantivos «habilidad», «fama», «ansiedad» y «espanto»?

«Claro que viene. Me dijo que salía un momento.»

«Bueno, ¿comenzamos?»

«Un poco de paciencia, amigos», dice Freddy desde la puerta. Trae un paquete de la *Panadería las dos Cruces*. «He traído unos cruasanes para darnos fuerzas.»

«Ya sabes lo mejor que puede pasarle a un cruasán...» dice Flo, pero sólo Pilar se ríe y nos explica: «Es un chiste. Hay un libro que se llama así. Lo tengo aquí.»

«Todos pueden trabajar y yo leo», bromea Flo, y comienza a leer en voz alta:

Lo mejor que le puede pasar a un cruasán es que lo unten con mantequilla: eso pensé mientras rellenaba uno abierto por la mitad con margarina vegetal de oferta, me acuerdo. Y me acuerdo también de que estaba a punto de hincarle el diente cuando sonó el teléfono. Lo hice, a sabiendas de que tendría que contestar con la boca llena: —Séee... —¿Estás ahí? —No, he salido. Graba el mensaje después de la señal y déjame en paz: piiiiiiiiiiiiiip. —No empieces con tonterías, ¿qué masticas? —Estoy desayunando. —¿A la una del mediodía? —Es que hoy he madrugado. ¿Qué quieres?

«Es muy divertido», reconozco.

⚲ Investigación

Visita la web del autor *http://www.sakamuraycorrales.com/pablo_tusset.php* y anota dos libros que publicó y dos que no publicó.

Trabajamos mucho el viernes y el sábado: limpiamos, ordenamos y acondicionamos suelos, techos, paredes y muebles.

El sábado por la noche estamos listos para la fiesta.

Freddy ha conectado unos cables en la oficina y los ha pasado por la ventana hasta aquí para tener luz y escuchar música por la noche.

Pilar ha organizado la distribución de las habitaciones y los muebles.

Flo ha restaurado una mesa, las camas y un par de armarios.

Emily ha limpiado todo muy bien. Ha encontrado una mesa baja que ha puesto en la sala.

Y yo he reparado los suelos, he repuesto las tablas de madera que faltaban y he colocado una alfombra en cada dormitorio y una alfombra muy bonita bajo la mesa de la sala.

Entre todos llevamos a la sala de estar dos grandes sillones antiguos, los limpiamos y cubrimos las manchas con almohadones que compramos en el barrio.

Nuestro piso ha quedado perfecto para la fiesta: los dos grandes sillones están en la sala y sobre los sillones hay muchos almohadones; hay una alfombra entre los dos sillones y una mesa baja sobre la alfombra. En otra mesa están los CDs. Las bebidas están en la cocina, donde también hay jamón, chorizo y barras de pan.

También compramos sábanas y toallas muy baratas.

✎ Hay y estar

En el capítulo 5 se dice «En el Triangle hay un bar» y aquí «los dos grandes sillones están en la sala... y hay muchos almohadones». Escribe cinco frases con las cosas que hay en la sala de estar de los chicos. Apunta en español la regla para el uso de «estar» y de «hay» + sustantivos.

En cuanto a las comodidades, hay agua en el baño y en la cocina y planeamos comprar un hornillo para cocinar. Estamos todos muy contentos y orgullosos con nuestro trabajo. En casi una semana hemos organizado ya el trabajo de este año y medio con la Guía Total. Y esta noche tenemos otra fiesta.

8. Otra fiesta

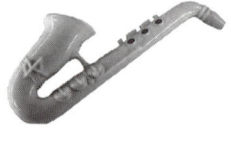

«Tu idea ha sido magnífica. Y me encanta cómo ha quedado el piso, con esos muebles viejos, las alfombras, los almohadones...», dice Pilar, y agrega: «Gracias».

«Gracias a ti. Normalmente los jefes no son tan flexibles». Pilar se ríe, y yo agrego: «Barcelona, con todos esos edificios de Gaudí y las tiendas de diseño alternativo, es el lugar ideal para ser flexible, ¿no?»

«Es cierto. En Barcelona todo es posible.»

Y como para confirmarlo, en ese momento se acerca Freddy con una chica muy bonita. No la reconozco sin su uniforme y Freddy me explica:

«Es Mara. ¡La chica de los *ascensores*!»

Mara se ríe. Es la camarera del Havanna del Triangle.

«Me alegra verte de nuevo», dice. Es realmente simpática y yo me alegro mucho por Freddy.

«Hola Mara», la saludo, «qué suerte que has venido.»

«Sí, muchísima suerte, ¿no?», confirma Freddy. «Y ha invitado a todo el equipo de filmación».

«¿Filmación?»

«Un equipo de filmación», repite Mara y me explica: «Es que yo soy actriz. Bueno, comienzo a ser actriz. Hoy, cuando Freddy me llama, yo justo estoy en un casting para un vídeoclip. Y he tenido mucha suerte, porque me han dado el rol principal en el vídeo. Para celebrarlo he invitado al equipo completo. ¿Y sabes quién estaba con la gente del casting? Pascal Comelade.»

«No te puedo creer», exclama Pilar. «¡Pascal Comelade!»

«¿Te gusta?»

«Me encanta. Es un personaje muy interesante y su música es increíble.»

«¿No lo conoces, Jan? Ha hecho la música para una película alemana que se llama *Verano en Berlín*. No sólo hace música de películas, también toca conciertos con poesías y con instrumentos de juguete.»

«¿Instrumentos de juguete? ¿Quieres decir para niños?»

«Exacto. Pequeños pianos, trompetas de plástico... Materiales alternativos. Es genial.»

«Pues bueno, Pilar, Pascal no ha podido venir, pero sus músicos han traído los instrumentos. Si les pides, quizás tocan algo.»

«Genial. Ya voy a saludarlos».

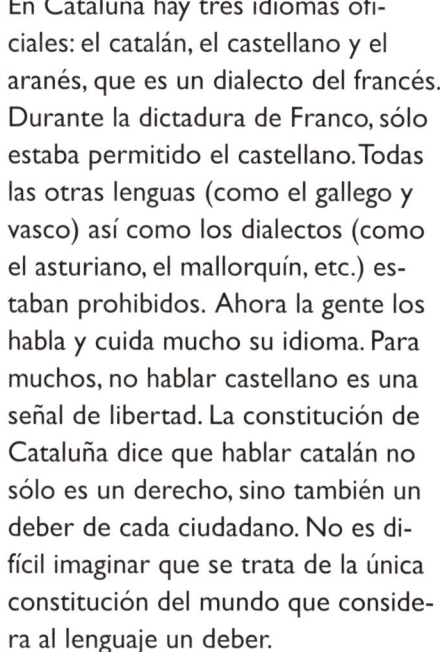 En Cataluña hay tres idiomas oficiales: el catalán, el castellano y el aranés, que es un dialecto del francés. Durante la dictadura de Franco, sólo estaba permitido el castellano. Todas las otras lenguas (como el gallego y vasco) así como los dialectos (como el asturiano, el mallorquín, etc.) estaban prohibidos. Ahora la gente los habla y cuida mucho su idioma. Para muchos, no hablar castellano es una señal de libertad. La constitución de Cataluña dice que hablar catalán no sólo es un derecho, sino también un deber de cada ciudadano. No es difícil imaginar que se trata de la única constitución del mundo que considera al lenguaje un deber.

Pilar se va y yo converso con Freddy y Mara. Poco después se apaga la música del CD y suenan unos instrumentos.

Todos nos acercamos. Un chico muy simpático toca un pequeño piano de juguete que ha apoyado sobre la mesa, mientras otro chico muy joven hace sonar una pequeña guitarra de juguete y otro hombre flaco y alto lleva la melodía con un saxofón de plástico.

Pilar está sentada muy cerca de ellos, fascinada por las melodías minimalistas que surgen de esa curiosa combinación de instrumentos.

Entre dos canciones, todos aplaudimos.

«Merci, merci bien», dice el hombre que toca el pequeño saxofón.

«¿Son franceses?», pregunto.

«Catalanes. Franco-catalanes», dice Mara.

«¿Franco-catalanes? ¿Existen catalanes franceses como hay vascos franceses?»

«Te lo explico cuando terminan de tocar. No es tan fácil», me dice, y cuando el concierto termina me cuenta: «Lo que tú llamas ‹País Vasco› y ellos llaman ‹Euskadi› se extiende por dos países: una parte del País Vasco está en Francia y otra parte en España. Cataluña, en cambio, pertenece completamente a España, pero en una zona de los Pirineos se habla francés.»

«Vamos a bailar», propone Freddy. Mara y él se van a bailar y yo trato de acercarme a los músicos, que conversan con un grupo de gente. No quiero interrumpirlos, pero me acerco lo suficiente para escuchar que hablan castellano. Uno de ellos dice: «Internet es una porquería. En un par de años desparece.»

Florence está bailando con el músico más joven y Freddy con Mara. Pilar conversa con el músico del saxofón.

Busco a Emily. Está hablando con dos chicos y una chica en la cocina. Cuando me acerco me coge del brazo.

«Éste es Jan», me presenta. «Escribe conmigo la Guía Total de Barcelona.»

Saco mi libreta de notas, que siempre llevo, para bromear.

«Puedo escribir algo en este momento. Un buen reportero nunca descansa.»

Los chicos se ríen, pero uno no. Por el contrario, se pone muy serio.

Es un chico muy delgado, con gafas pequeñas y largo bigote que le dan un aspecto de otra época. Lleva una camiseta que dice algo en catalán y una gorra verde, como las que usan los guerrilleros en las películas. Se parece más a Woody Allen como revolucionario en «Bananas» que a

Narrar un argumento
¿Y a ti? ¿Te gusta el cine? Cuenta brevemente el argumento de una película.

Benicio del Toro en el papel del Che. A mí me gusta mucho el cine. Muchas cosas de la vida real parecen películas.

El chico de la gorra de guerrillero dice:

«Te puedo aconsejar algo para la guía. Conoces el mercado de Sant Antoni, ¿no?»

Yo sonrío. No quiero mentir, pero no lo conozco. El chico sigue hablando:

«Los domingos, en la acera que envuelve el mercado, que ocupa una manzana, hay una extraordinaria feria de libros usados a la que yo voy siempre cuando tengo tiempo. El puesto que más visito es el de Antonio Rabinat, porque siempre tiene material de primera y una enorme variedad de libros. Tanto novelas, como poesía y libros de cómics y gráfica. Creo que él también es escritor, como tú. Y un detalle para tu guía: el mercado se construyó en 1850 en lo que era el extrarradio de Barcelona de esa época. Unos pocos años antes, esa zona era un descampado fuera de la muralla que rodeaba la ciudad. En ese lugar se ahorcaba a los ladrones y criminales. Como estaba marcado por esa mala onda, nadie quería comprar terrenos ni vivir ahí. Entonces hicieron el mercado, para atraer gente. Con el tiempo, se construyó un barrio y la historia se olvidó. El mercado es hermoso y está a punto de ser refaccionado.

El *slogan* de la ciudad es ahora: *Barcelona, la millor botiga del món* (que significa: *la mejor tienda del mundo*). Así que imagina.»

«Bueno, hombre, no es para tanto», le dicen sus amigos.

«Es que yo amo esta ciudad.»

«Claro, todos la amamos.»

«También nosotros, que recién llegamos», dice Emi.

Es cierto. A mí la ciudad me encanta, y también la gente, las fiestas y la música...

Mañana es domingo. Tengo que ir a comprar libros al mercado que ha mencionado el chico de gorra guerrillera. Tengo también que descansar, porque el lunes comienza de verdad nuestro trabajo.

9. Barcelona para artistas

El domingo dormimos hasta tarde. Luego vamos a ese mercado que nos ha comentado el chico de anoche, comemos cerca de ahí y volvemos a dormir la siesta.

El lunes nos levantamos temprano para ir los cinco juntos a comprar nuestros ordenadores.

Cada uno elije el color del suyo. Pilar y Freddy elijen uno plateado. El mío y el de Flo son blancos (pero pronto se distinguen, porque Flo pega en el suyo una pegatina que dice: «Barcelona»). Emi prefiere el negro, que combina con su ropa.

> ✎ **Posición de los pronombres: Posesivos detrás del sustantivo**
> Las formas «mío/-a» corresponden al posesivo «mi» cuando se escribe detrás del sustantivo al que se refieren (a eso se llama «posesivo pospuesto», porque su posición natural es antes del sustantivo, lo que se llama «antepuesto»). Se dice por ejemplo: «mi casa» o «mi ordenador», pero «esta casa es mía» o «este ordenador es mío». Lo mismo ocurre en la segunda persona «tu» y la tercera «su»: «tuyo/-a», «suyo/-a».
> Ejercicio: «Mi casa es muy antigua, mi bici es nueva, mi ordenador es veloz, mis amigos son tranquilos, mis esperanzas son muy grandes.» Escribe frases como la siguiente: Tu casa es muy antigua, la mía es...

«Voy a poner una pegatina de cada ciudad, como en esas maletas de los años 50, que parecían cajas.»

«O como en una autocaravana que anuncian dónde ha estado.»

Pasamos la mañana en la oficina, configurando los ordenadores. Son realmente muy pequeños y ligeros; trabajan muchas horas con sus baterías y nos permiten conectarnos entre todos sin cables. Ya me estoy imaginando nuestras reuniones, escribiendo todos a un tiempo en cinco idiomas.

«Se me ha ocurrido algo», dice de pronto Emily, «podríamos ir por la calle con los ordenadores, para buscar en Internet datos sobre los lugares que vemos.»

«Es una buena idea», digo, «anteayer, cuando ese amigo tuyo en la fiesta me habló del mercado de Sant Antoni, he pensado que necesitamos más información de los lugares que ponemos en la guía. Podemos buscar todo lo que vemos en Wikipedia.»

Pilar llama por teléfono al servidor de Internet para pedir un nuevo servicio y al fin nos anuncia que ha logrado cambiar de servicio por la misma tarifa. Ya podemos conectarnos a Internet desde cualquier punto de España.

«Bienvenidos al siglo XXI», dice Emi. «Bienvenidos a la tecnología *ilimitada*.»

«Yo necesito dar una vuelta en bici. Es *demasiada* tecnología para mí.»

«La tecnología *siempre* es limitada», dice Flo. «Y lo único que genera la tecnología son nuevos problemas».

«Claro, tú lo dices porque tus amigos viven en tu ciudad. Sin el Chat, yo estaría más sola que la Estatua de la Libertad. Mis amigos parecen hijos de embajadores, están dispersos por todo el mundo.»

Yo sonrío y escribo dos mails, pero las chicas ya están cerrando sus ordenadores, los guardan en sus bolsos y saludan: es hora de trabajar.

Mi primer E-Mail dice:

```
----- Mensaje Original -----
Enviado: Lunes, 19 de Octubre

Querida Emi,
no estoy de acuerdo contigo. No todos tus amigos viven dis-
persos por el mundo. Yo vivo aquí. Si no te gusta bailar, no
es problema. Si necesitas 10 años para aprender, tampoco es
un problema; yo puedo esperar.
Suerte en las calles de Barcelona
Jan
```

Al fin, cuando está todo listo, salimos. Hemos planeado recorrer una zona de la ciudad y mañana por la mañana dedicarnos a escribir. Tenemos también una segunda zona asignada, por si terminamos la primera antes de lo esperado.

Mi primera zona del día es el *Borne*. Antes de salir escribo en Google: el Borne, Barcelona. Así me entero de que el Borne es el antiguo barrio de la Rivera y que allí está el *Museo Picasso*. Los barrios del centro son muy pequeños y mucha gente confunde el Borne con el Raval, pero no los habitantes de allí, orgullosos de su identidad.

En cuanto a mi segundo E-Mail, pues aquí está:

```
----- Mensaje Original -----
Enviado: Lunes, 19 de Octubre

Querida Flo,
¿Te gusta la pintura? ¿Quieres ir al Museo Picasso conmigo?
Nos vemos
Jan
```

Lo bueno de los e-mails es que puedes decir cosas que de otro modo no te atreves.

En la fiesta apenas si he logrado conversar dos minutos con Flo. Espero tener más suerte hoy.

Al fin guardo también mi ordenador y salgo a la calle. Estoy muy contento y orgulloso de cómo ha salido todo.

📢 Opinar: E-Mail, Chat, SMS

Y tú, ¿cómo usas los e-mails? ¿Escribes muchos o pocos? ¿Es un medio de comunicación mejor o peor que el chat o los SMS? ¿Por qué? ¿Tiene ventajas? ¿Tiene desventajas? ¿Cuáles?

Camino hasta la Rambla y viajo en Metro hasta la estación Jaume I, para ir por la Calle de la Princesa hasta el museo y después llegar al Parc de Ciutadella.

Pero al bajar del metro, prefiero pequeños callejones: Cotoners y Barra de Ferro. Llego a una calle muy angosta y oscura, que se llama Carrer Montcada, donde creo estar perdido; pero de pronto estoy justo frente al Museo Picasso.

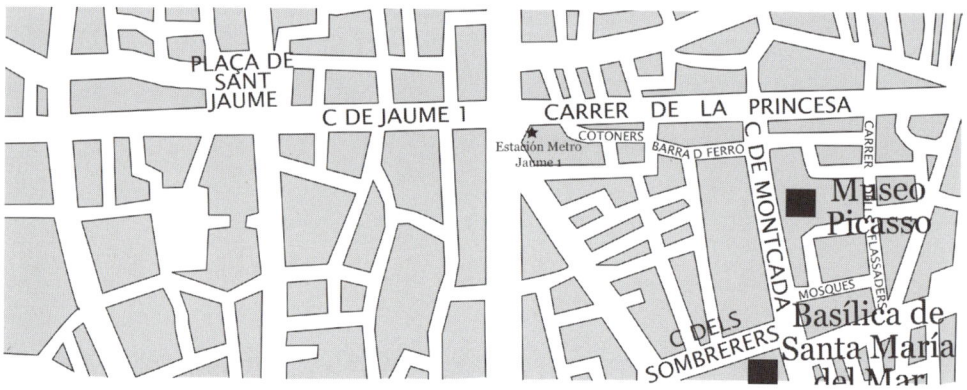

Qué buena suerte. Es verdad que en Barcelona puede pasar de todo.

Entro al museo y me siento a descansar un poco.

Abro mi ordenador para buscar el sitio donde estoy y recibo el anuncio de que tengo un mail. Es de Flo:

```
----- Mensaje Original -----
Enviado: Lunes, 19 de Octubre


Querido Jan,
muchas gracias por tu invitación. Lo siento, pero hoy ten-
go que trabajar y no puedo ir al museo contigo. Quizás otro
día, porque me encanta la pintura, y también Picasso. Mañana
en la reunión, me cuentas si es bonito.
Hasta luego
Fl.
```

Estoy un poco triste por entrar solo, por eso observo los cuadros en Internet para ver si me gustan. Tienen uno de una ventana con palomas que me encanta.

Ojalá Florence estuviera aquí. No me alegra su mail, pero a la vez estoy contento, porque el primer mail que recibo en mi nueva cuenta y en mi nuevo ordenador es de ella.

En Internet me entero de que el callejón oscuro, la calle Montcada, es **«el núcleo de arquitectura civil medieval más importante de la ciudad»** y también que **«el Museu Picasso ocupa cinco grandes mansiones o palacios de la calle de Montcada. Los palacios originales datan de los s. XIII– XIV, con remodelaciones importantes a lo largo del tiempo, las más des- tacadas en el s. XVIII.»**

Voy a ver el cuadro de las palomas y varios impresionantes cuadros más, pero no me da tiempo para ver todo el museo ni los palacios. Qué lastima. Pero quiero volver con Flo, así que puedo dejar una parte para descubrir después.

℘ Opinar sobre Picasso

Busca en la página web del museo *www.museupicasso.bcn.es/* bajo «La Co- lección» el cuadro de las palomas. Elige otros tres cuadros y comenta sus colores, figuras etc. Da tu opinión: ¿Te gustan los cuadros o no? ¿Por qué?

Vuelvo a salir a la calle, paseo un poco más y doy con una extraña iglesia. Entro. Es muy tranquila. Me siento en un banco a investigar un poco en Internet.

Se trata de la iglesia Santa María del Mar y tiene la particularidad de ser una de las primeras iglesias minimalistas. La mandaron a construir los comerciantes de la zona más o menos en 1450, querían la iglesia ya mismo y pusieron como condición que el trabajo llevara sólo cincuenta años. Por eso quedó con tan poco ornamento.

En dirección a la Calle Princesa, giro en «Sombrerers» en torno a la iglesia y luego en «Mosques», que termina en el «Carrer dels Flassaders». Allí giro a la izquierda y descubro una tienda interesante con el curioso nombre de «Almacén Marabí», que anuncia:

Esculturas blandas

Son muñecos de tela que fabrican allí mismo.

Entro. Una chica me dice «Hola» y sigue trabajando. Yo me presento: «Soy Jan, de Alemania; estoy escribiendo una guía de Barcelona para jóvenes y quiero incluir tu tienda en la guía, si estás de acuerdo.»

«Sí, cómo no», me dice la chica.

«Me encantan tus esculturas. Son muy originales.»

«Muchas gracias. ¿Quieres ver las cosas y tomar un café?»

«Sí, con mucho gusto», acepto.

La chica sonríe y se va a la trastienda a preparar el café.

✎ **Me gusta y me encanta**

Los llamados verbos pronominales, como «me encanta», «me gusta» o «me fascina» funcionan así: el pronombre se coordina con el sujeto semántico (aquí es Jan) y el verbo con el objeto semántico (que es sujeto gramatical; aquí son las esculturas). Escribe tres frases con cada verbo: ¿qué cosas te gustan (o no)? ¿Qué cosas te encantan? Y ¿qué te fascina?

Yo miro los muñecos. Son muy interesantes. En una pared veo una serie de dibujos de un hombrecillo con un sombrero rojo.

«También me gustan los dibujos», digo.

Un chico que entra en la tienda me responde.

«Muchas gracias, son míos», me dice. Es delgado y simpático y lleva un bigote como el chico de la fiesta con la gorra de guerrillero.

Yo me presento otra vez: «Hola, soy Jan Merten.»

«Yo me llamo Gustavo Roldán. ¿De dónde eres?»

«Soy alemán.»

«Hace poco he estado en Berlín. Una ciudad maravillosa. Tú no eres turista, Jan, ¿no? ¿Qué haces en Barcelona, si puedo preguntar?»

«Vivo aquí... bueno, por tres meses. Luego voy a otra ciudad de España otros tres meses. Un año y medio en total. Escribo con otros chicos guías de España y ahora de Barcelona.»

«¿Una guía? Pues hay un par de cosas que debes poner. Vamos a sentarnos. Yo también quiero un café. A ver... Un lugar que para mí es mítico, es el «Mesón David», bodegón gallego buenísimo. Está en la calle «Carretes» cerca de la «Carrer de Sant Pau», calle digna de aparecer en toda guía de turismo. Allí mismo está la iglesia románica más antigua de Barna, de 900, d. c. En la misma calle está también el bar ‹Marsella›...»

> 🔎 **Explicación: Barcelona, Barna y Barça**
> ¿Por qué el personaje dice «Barna»? ¿Es un error? Busca en Google o Wikipedia la palabra y propone una explicación.

«Yo vivo en la calle de Sant Pau», digo, misteriosamente feliz.

«Entonces tienes que ir al Marsella, el mítico punto de encuentro de Picasso y Miró con sus amigotes. Está exactamente igual, con el mismo polvo y todo. Iban ahí a tomar absenta. Yo voy cada vez que puedo. Tú sabes, la energía creativa de esos muchachos era increíble... y sigue allí, en el bar. Y te cuento otra cosa que nadie sabe: el cuadro ‹Las señoritas de Aviñon› de Picasso se llama así por las prostitutas del Carrer d´Avinyó en el barrio Gótico de Barcelona, y no por la ciudad francesa Aviñón como creen muchos.»

Yo anoto todo lo que me dice en mi libreta, a toda velocidad para no perder nada, como un periodista en una conferencia de prensa de los años 50.

Poco después me despido y sigo mi recorrido por el barrio.

A esta hora, en mi pueblo en Alemania no hay nadie en la calle. Aquí parece mediodía: las tiendas están llenas de gente, hay ruido y movimiento, hay tanta actividad que siento vértigo.

Barcelona es una ciudad hiperactiva. Y a mí me encanta caminar por las calles llenas de gente. Así llego a la Ciutadella – en español sería «ciudadela» – donde se encuentra también el Parque Zoológico. No voy allí, porque me gustan los animales pero no las jaulas.

> 🖉 **Opinión**
> ¿Y tú? ¿Qué opinas de los zoológicos? Escribe un texto sobre el tema.

En cambio me dirijo hacia el mar y me quedo hasta la noche paseando por el barrio número 2 de mi lista: la Barceloneta, el barrio que llega hasta el mar. Desde la oficina de la Guía Total, sólo hay que ir a la Rambla y bajar en dirección al mar hasta dar con él.

Allí se halla el famoso Acuario de Barcelona, al lado del centro comercial Maremagnum. Un día quiero entrar para ver el impresionante *pez luna*. Pero hoy no, ahora estoy más interesado en buscar dónde comer porque ya tengo hambre.

> 🖉 **Palabras femeninas con artículo masculino**
> La palabra «hambre» (que significa la necesidad de comer y la sensación que la acompaña) es femenina, pero lleva artículo masculino porque la palabra empieza con una *a* tónica, es decir el acento está en la primera sílaba. Lo mismo ocurre con palabras como «arma» (un arma blanca). En el caso de «azúcar», permite ambas formas («el azúcar moreno/-a»). Si la palabra se acompaña con un adjetivo, por ejemplo «Tengo un hambre espantosa», el adjetivo se coordina con el sustantivo, es decir, se conserva la forma femenina.
> Ejercicio: Busca tres adjetivos para *azúcar* y tres para *hambre*.

Recorro los muelles con sus yates elegantes; paso por el Maremagnum y llego hasta el mar. Tengo mucha hambre. Y en ese momento recuerdo la recomendación de Gustavo Roldán, el dibujante de la tienda de esculturas blandas y saco mi ordenador para ver dónde está el *Mesón David*. Genial. No está muy lejos. Así que con mis últimas fuerzas voy hasta allí. Cierro mi libreta porque un escritor también debe descansar. Y de verdad, después de la cazuela de mariscos duermo mejor que nunca.

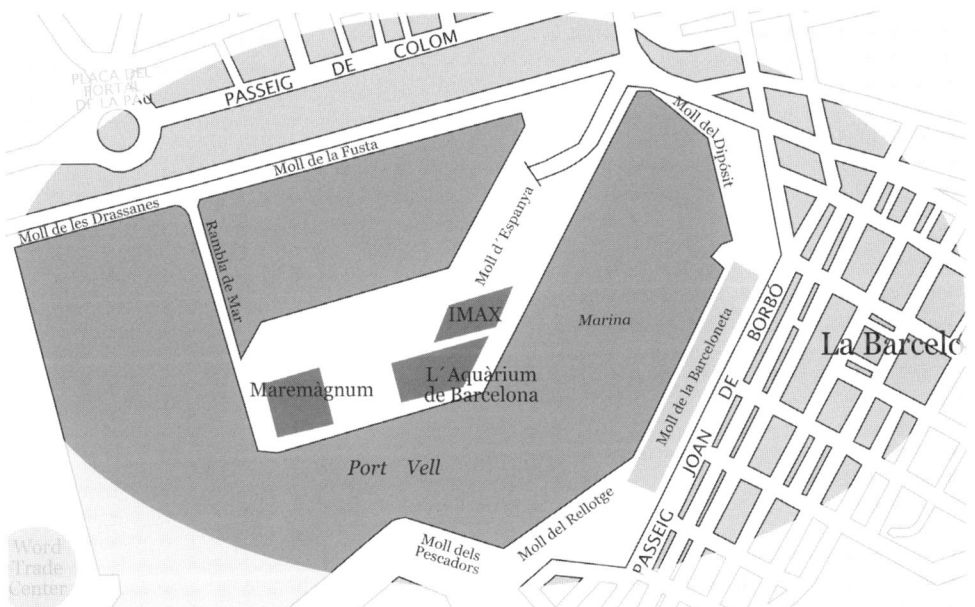

10. Barcelona de arriba a abajo

Al día siguiente estamos todos reunidos muy temprano en la oficina, con nuestras tazas de café y nuestros ordenadores nuevos.

«No tenemos tiempo que perder», organiza Pilar. «¿Quieres comenzar tú, Jan?»

«Claro», digo, y hablo del Borne, de las tiendas curiosas que he encontrado y también de las tiendas elegantes a las que no he entrado.

Les hablo de los muñecos de lana y del museo Picasso; pero también de los cafés en la Barceloneta y del Mesón gallego.

Entonces comprendo lo que se llama «trabajo en equipo».

🖉 «se» impersonal

Como en la frase «se habla inglés», «se» es un sujeto impersonal, en el sentido de que «alguien» o «la gente» habla inglés. Normalmente tiene una referencia local, en el sentido de: «en esta tienda se habla inglés» pero esa referencia no es necesaria si el contexto está claro (por ejemplo, si hay un letrero en la puerta de la tienda, se entiende que es allí adentro donde el turista puede hablar inglés).

Ejercicio: Transforma en impersonales las frases: «La gente come muy bien en España», «En Catalunya los habitantes hablan dos idiomas», «Los españoles hacen fiestas en la calle», «Los españoles salen muy tarde».

Cuando digo por ejemplo «El Borne es un barrio muy variado, con tiendas de ropa caras y zapaterías para millonarios...», me interrumpe Pilar: «Por favor, no pongas «para millonarios». No me parece bien hablar de grupos ni usar clichés. Es un término de desprecio, además.»

«De acuerdo», digo, y corrijo: «... con tiendas de ropa y zapaterías elegantes. Pero también con fantásticos locales alternativos innovadores...»

«¿Fantásticos? ¿No es mejor quitar las valoraciones?», pregunta Freddy.

«De acuerdo, dejamos... ‹con muchos locales alternativos›», concluye Pilar. Pero yo creo que los lectores comprenden mejor si damos nuestra opinión.

Florence murmura «Avec nombreux magasins alternatifs», mientras escribe en su ordenador blanco con la pegatina que dice «Barcelona».

«Con molti negozi alternativi», tipea Freddy en su ordenador plateado.

«With many alternative stores», redacta Emily en su ordenador negro como sus labios.

«Mit vielen alternativen Lädchen» escribo yo en mi ordenador casi igual al de Florence.

Así pasamos la mañana. A la hora de almorzar ya hemos escrito en cinco idiomas acerca de los sitios que hemos visitado.

Emi ha visto un poco el Gótico, Flo ha hecho el recorrido por los edificios de Gaudí, yo he estado en el Borne.

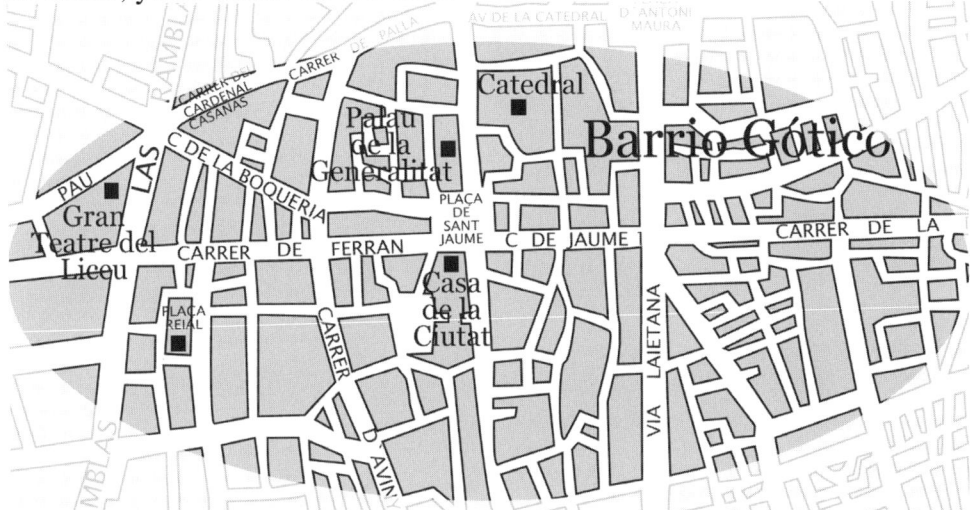

«Es el barrio perfecto para mí», ha dicho Emi del Gótico. Es el barrio que se encuentra entre la Plaza de Catalunya y el mar y al otro lado de las Ramblas (antes de las Ramblas es nuestro barrio, el Raval). «Es el lugar ideal para vivir. Al menos para mí.»

«¿Mejor que el Raval?»

«Bueno, más o menos...»

«¿Has visto la Plaza Real?»

«Sí, pero lo mejor del barrio son las plazas pequeñas. Están como escondidas y es un placer descubrirlas al girar una esquina. Y la catedral... Debemos discutir bien sobre qué escribimos en la guía, porque todo me ha gustado.»

«Comprendo», interviene Pilar, «pero no podemos mencionar toda la ciudad. Debemos elegir.»

«Entonces tengo que volver por ahí.»

«¿Has encontrado muchas cosas interesantes?»

«Ni te imaginas: en la vía Laietana, por ejemplo, hay una tienda de cómics que nadie se puede perder. Y el Desigual de Las Ramblas, debajo de la Plaza Catalunya es también genial. Aunque es carísimo, es muy interesante ver modelos alternativos de diseño de ropa.»

«¿No hay descuentos?», intervengo.

«Sí, a veces a mitad de precio; pero incluso así es caro.»

También hemos hablado sobre dos barrios más: la Barceloneta, que he visitado yo, y el Distrito del Exaimple, que ha recorrido Freddy en su bicicleta. Hemos trabajado muy bien.

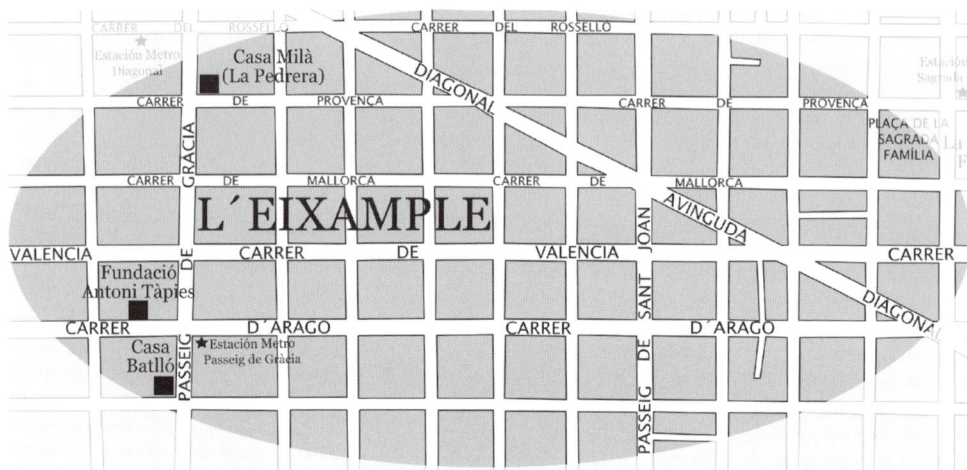

«Este barrio es impresionante», cuenta Freddy, «todas esas calles rectas, las diagonales y avenidas. También he visto un museo genial, la fundación Antoni Tàpies. Es un pintor fundamental de Catalunya y sus obras son muy bonitas.»

© Fondation Antoni Tapies Barcelona / VG Bild-Kunst, Bonn 2010

«Yo también he estado en el Exaimple», dice Flo, que debía recorrer los edificios de Gaudí. «Curiosamente no significa *ejemplo* sino *ensanche*.»

Ahí está la casa Milà, que se llama también «La Pedrera», y la famosísima Casa Batlló de Gaudí.

«¿Y te han gustado?»

«Bueno, La Pedrera, no tanto como la Casa Batlló. Ésta es increíble, realmente indescriptible. Es tan extraordinaria, con sus colores y formas, que necesito ayuda para describirla. ¿Podemos ver la página web todos juntos? Las dos

> ### Investigación
> Busca en Wikipedia quién es el diseñador de *El Exaimple* y escribe un breve texto sobre su ideología.

casas están en el Paseo de Gracia, pero la Casa Batlló está más en el centro, cerca de la estación de metro ‹Passeig de Gràcia› mientras que La Pedrera está cerca de la Avenida Diagonal, al lado de la estación ‹Diagonal›.»

«Otro espectáculo en esa zona son las tiendas de ropa muy elegantes que me recuerdan a París.»

«Suerte que no me ha tocado a mí esa zona. No soy la clienta ideal para esas tiendas, ¿no?», señala Emi.

Al fin vamos a almorzar y a la tarde salimos otra vez.

Epílogo

Ya han pasado los primeros dos meses en Barcelona. Somos un gran equipo y estamos tan motivados, que ya hemos terminado nuestra tarea. Y ahora tenemos un mes de vacaciones. ¡Qué guay!

Estamos realmente felices y aprovechamos muy bien el tiempo libre. Vamos a conciertos, yo voy (¡por fin!) al museo con Florence y también a la playa con ella. (Hay varias playas cerca del centro de la ciudad adonde se puede llegar con el autobús, por ejemplo con las líneas 36 y 141.)

Cuando se acerca la fecha de partir, la sección masculina de la Guía Total, es decir los chicos del equipo, tenemos problemas similares.

Yo soy muy reservado y no cuento nada, pero Freddy me invita un día a tomar algo y me cuenta sus problemas del corazón.

Recuerdo otra vez mi conversación con Gustavo Roldán, en la tienda de esculturas, y propongo el bar *Marsella*. Está muy cerca de nuestra casa, en la misma calle.

«No puedo creerlo. Vivimos a pocos metros del bar donde Picasso se encontraba con Miró.»

«Y García Lorca. No olvides a García Lorca.»

Tal como dice Gustavo, cuando entramos al bar tenemos la sensación de estar en el túnel del tiempo.

«Verde que te quiero verde», exclamo al entrar.

Freddy es muy divertido, pero hoy no se ríe de mi broma. Está preocupado.

> ## ◀) Ser y estar
> «Freddy es divertido» pero «Freddy está preocupado». Además, Freddy usa luego «ser» y «estar» para explicar la situación con la familia de Mara.
> Haz frases con cuatro adjetivos para describir a cada personaje: «Florence es... y... . Está... y...» etc.

Nos sentamos. Él pide café para los dos, sin preguntarme qué quiero tomar. Tampoco me pregunta cómo estoy y comienza a hablar de su problema.

«Mara... Tú la conoces. Tú sabes... mi novia. Bueno, es una chica increíble y yo estoy enamorado. Perdidamente enamorado. Como nunca en mi vida. Como en Romeo y Julieta, como en una película de Bollywood, como en una telenovela.»

«Enhorabuena», digo. Me pregunto por qué Freddy compara siempre las cosas. Es una máquina de comparar.

«¿Me felicitas? Amigo *alemano*, Jan querido, en una semana estamos en Madrid. Tres meses más tarde en Mallorca, luego en Sevilla... ¡Estoy enamorado en Barcelona y tengo que vivir en Madrid! ¿No comprendes mi drama?»

Sí. Lo comprendo.

Mi drama no es menor: estoy enamorado de una chica en Barcelona y voy a vivir con ella en Madrid, ¡pero no puedo confesarle mi amor!

«Te envidio, Freddy», digo al fin.

«Jan, ¿me estás oyendo o estás loco?»

«Eh... perdón, pensaba en otra cosa. Sí, es terrible, pero ¿Mara está enamorada de ti?»

«Sí, eso es lo peor, que ella también está enamorada.»

«Pero es perfecto. Puede venir con nosotros a Madrid.»

«No es tan fácil. Los padres de Mara están enfadados con ella y conmigo. Son muy conservadores y han dicho que ella puede vivir conmigo en Madrid sólo si nos casamos.»

«¡Si os casáis! ¡Pero si la has conocido hace dos meses!», exclamo. «Esto se parece cada vez más a una telenovela», pienso, pero no lo digo.

«La otra opción es mantener un romance a la distancia. Tú sabes, con mails, y chat, con viajes de fin de semana... ¿Tú qué me aconsejas?», pregunta al fin Freddy.

Y así, con esta pregunta, termina nuestra aventura en Barcelona.

No tengo consejos para darle a un amigo enamorado. Tengo, sí, muchos, muchísimos consejos para chicos y chicas como nosotros que viajan a Barna:

- visitar el bar Marsella,
- ir en bicicleta por el Exaimple,
- comprar un libro o cómic en el mercado de Sant Antoni,
- pasear por el museo Picasso y el barrio que lo rodea,
- descubrir las plazas del Gótico,
- asombrarse con los edificios de Gaudí,
- descansar en el Parque Güell

y muchos consejos más.

Pero no puedo aconsejar a Freddy, porque yo mismo estoy enamorado y ni siquiera puedo hablar de eso.

En pocos días nos mudamos a Madrid. Vamos a buscar un piso para arreglar como lo hemos hecho aquí y a recorrer la ciudad de arriba a abajo.

En Barcelona también he mejorado mi español. He aprendido vocabulario (las palabras de origen árabe o las partes del cuerpo), nueva gramática (los verbos pronominales y la diferencia entre «por» y «para»), ortografía (la diéresis o los verbos irregulares con -c- en la raíz) además de que ahora sé mucho más de música, pintura, danza y hasta de poesía. Nuestra aventura en Madrid ya no la voy a contar con un «español básico».

Aquí en Barcelona he vivido sin mis padres por primera vez. He escrito mi primer libro (aunque sea una guía de viajes) y tengo nuevos amigos. Pero Madrid es mucho más grande que Barcelona. En una ciudad tan grande e interesante seguramente tenemos muchas cosas que descubrir y nuevas aventuras. Y estoy convencido de que allí nos espera una historia de amor, o dos.

«Ni idea», le contesto a Freddy. Y es verdad.

No tengo ni idea de qué aconsejarle. No aquí en Barcelona. Pero no sé lo que voy a pensar en Madrid. Eso es lo bueno del futuro, que nadie puede saber cómo es.

Vocabulario

Capítulo 1

mochila (f.)	Rucksack
recorte de periódico (m.)	Zeitungsausschnitt
anuncio de trabajo (m.)	Stellenanzeige
ilusión (f.)	Vorfreude, Erwartung
atentamente	hochachtungsvoll
encantar (intr.)	erfreuen, begeistern
expectativa (f.)	Erwartung(shaltung)
recorrer (tr.)	bereisen; abklappern
mencionar (tr.)	erwähnen, anmerken
atrevido, -a	gewagt; kess
edificio (m.)	Gebäude, Bauwerk
quedarse (prnl.)	bleiben

Capítulo 2

cita (f.)	Verabredung, Termin
parecer (intr.)	scheinen
letrero (m.)	Schild, Tafel
sentirse (refl.)	sich fühlen
angosto, -a	eng, schmal
abandonado, -a	verlassen; verwahrlost
golpear (tr.)	schlagen; klopfen (Tür)
adelante	herein; vorwärts
recordar (tr.)	erinnern
onda (f.)	Welle (Haar; Radio)
mapa (m.)	Land-, Stadtkarte
vagamente	Adverb von *vago*: faul; unklar
manera (f.)	Art, Weise
calcetín (m.)	Socke
sentarse (refl.)	sich setzen
príncipe azul (m.)	Traummann
ir a vela	segeln
ordenador (m.)	Computer (in Lateinamerika *computadora*)
demora (f.)	Verzögerung, Verspätung
montar a caballo (m.)	reiten
volar en parapente (m.)	Gleitschirm fliegen, Paragliden

apretar (tr.)	(zusammen)drücken
impresora (f.)	Drucker
los demás	die anderen / Übrigen
convencido, -a	überzeugt

Capítulo 3

humedad (f.)	Feuchtigkeit
película (f.)	Film; Filmrolle (Kamera)
como	hier: als
detenerse (prnl.)	anhalten, stehen bleiben
apuntar (tr.)	deuten, zeigen auf; notieren
agregar (tr.)	hinzufügen
deslucido, -a	glanzlos, unscheinbar
arrojarse sobre algo/alguien	sich auf etwas / jemanden stürzen
pulsera (f.)	Armband
torpemente	Adverb von *torpe*: ungeschickt, tolpatschig
excusa (f.)	Entschuldigung; Ausrede
mar (m. y f.)	Meer, hohe See
fusilar (tr.)	erschießen
expuso	Indefinido von *exponer*: ausstellen
ruido (m.)	Geräusch; Lärm
ocurra	3. P. Sg. Subj. Pres. von *ocurrir*: es geschehe
«ni se te ocurra»	«lass dir (das) ja nicht einfallen»
seguir (tr.)	folgen
engordar (intr. y tr.)	zunehmen (Gewicht)
bocadillo (m.)	belegtes Baguette
pertenecer (intr.)	gehören
ingenuo, -a	naiv, kindlich
oler (→ huele)	riechen
torcido, -a	schräg, schief; verbogen
confesar (tr.)	beichten
ponerse (prnl.)	werden

Capítulo 4

escaparate (m.)	Schaufenster
volverse loco	verrückt werden

proponer (tr.)	vorschlagen
novio (m.)	Freund (Beziehung)
apretarse (refl.)	sich zwängen, sich quetschen
ponerse en marcha	sich in Bewegung setzen
gritar (tr. e intr.)	schreien
descubrir (tr.)	entdecken
ladrillo (m.)	Ziegel; Mauerstein
pantalla (f.)	Leinwand
rato (m.)	Weile, Augenblick
rodeado, -a de	umgeben von
agotado, -a	erschöpft; ausverkauft
gafas (f.pl.)	Brille
asombrar	verwundern, überraschen
personaje (m.)	Figur (Roman, Film, ...)
letra (f.)	Buchstabe; Liedtext
afeitarse (refl.)	sich rasieren
estarás	2. P. Sg. Futur von *estar*: du wirst sein
alucinar	verblüffen
rueda (f.)	Rad
presupuesto (m.)	Vorschuss, Voranschlag, Budget
chiste (m.)	Witz, Scherz

Capítulo 5

repleto, -a	vollgepackt; überfüllt
zapatería (f.)	Schuhladen
libreta de apuntes (f.)	Notizbuch
Ministerio de Sanidad (m.)	Gesundheitsministerium
control de tránsito (m.)	Verkehrskontrolle
cadena (f.)	Kette; Firmenkette
enfadado, -a	verärgert
nadador (m.)	Schwimmer
suelo (m.)	Boden
imán (m.)	Magnet
cuenta (f.)	Rechnung; Konto
escalera mecánica (f.)	Rolltreppe
tomar notas	notieren; sich aufschreiben
tuvimos	1. P. Pl. Indefinido von *tener*: wir hatten

Capítulo 6

pesado, -a	schwer
pared (f.)	Wand
agua (f.)	aber *el agua*: Wasser
sábana (f.)	Leintuch, Bettlaken
delgado, -a	schlank, dünn
alcantarilla (f.)	Abwasser(system)
asomarse (refl.)	sich herauslehnen
contemporáneo, -a	zeitgenössisch
paisaje (m.)	Landschaft
cobrar vida	sich beleben
extrañado, -a	verwundert
alquilar (tr.)	(ver)mieten
entrevista de trabajo	Vorstellungsgespräch
pudiera	3. P. Sg. Subj. Imp. von *poder*: er / sie / es könnte
ahorrar (tr.)	sparen
vio	3. P. Sg. Indefinido von *ver*: er / sie / es sah

Capítulo 7

prodigio (m.)	Wunder
tomo (m.)	Band (Buch)
tomar libre	sich frei nehmen
contar (tr.)	zählen; erzählen
celos (m. sg. y pl.)	Eifersucht
derivar (intr.)	ableiten
hincar el diente	kräftig hinein- / zubeißen
personaje marginal (m.)	Randfigur
trama (f.)	Handlungsstrang (Roman)
masticar (tr.)	kauen
luz (f.)	Licht; Elektrizität
armario (m.)	Kleiderschrank
sala de estar (f.)	Wohnzimmer
mancha (f.)	Fleck; Klecks
almohadón (m.)	Augmentativ von *almohada*: (Sofa)Kissen
hornillo (m.)	Diminutiv von *horno*: Kochplatte, Küchenherd

Capítulo 8

juguete (m.)	Spielzeug
deber (m.)	Pflicht; Aufgabe
bigote (m.)	Oberlippenbart
aconsejar (tr.)	beraten; empfehlen
argumento (m.)	Inhalt (der Handlung)
acera (f.)	Gehweg, Bürgersteig
manzana (f.)	Apfel; Wohnblock
feria (f.)	Warenmarkt; Messe; Jahrmarkt
extrarradio (m.)	Außenbezirk
descampado (m.)	freies Feld, offenes Gelände
ahorcar (tr.)	erhängen
mala onda (f.)	negative Schwingungen
refaccionar (tr.)	erneuern, reparieren, restaurieren

Capítulo 9

plateado	silbern, versilbert
mío	nachgestelltes Possessivpronomen: mein
pegatina (f.)	Aufkleber, Sticker
ligero, -a	leicht (Gewicht)
embajador (m.)	Botschafter
disperso, -a	verstreut, verteilt
atreverse (refl.)	sich wagen, sich trauen
ventaja (f.)	Vorteil
reunión (f.)	Versammlung, Meeting; Treffen
paloma (f.)	Taube
estuviera	3. P. Sg. Subj. Imp. von *estar*: dass sie wäre
destacado, -a	bemerkenswert; hervorgehoben
llevara	3. P. Sg. Subj. Imp. von *llevar*: dass es dauere
muñeco (m.)	Puppe
trastienda (f.)	Raum hinter dem Verkaufsladen
absenta (f.)	Absinth
mudarse (prnl.)	umziehen (Ort, Wohnung)
célebre	berühmt, gefeiert
vértigo (m.)	Schwindelgefühl; Höhenangst
jaula (f.)	Käfig

recomendación (f.)	Empfehlung
marisco (m.)	Schalentier; Meeresfrüchte
lana (f.)	Baumwolle
desprecio (m.)	Verachtung, Geringschätzung
ensanche (m.)	Vergrößerung; Ausmaß
aprovechar (tr. e intr.)	(aus)nutzen
confesar (tr.)	beichten, gestehen
envidiar (tr.)	beneiden

Abreviaturas – Abkürzungen:

m. = masculino; f. = femenino; tr. = verbo transitivo; intr. = verbo intransitivo; prnl. = verbo pronominal; refl. = verbo reflexivo; P. = Persona; Sg. = Singular; Pl. = Plural; Subj. Pres. = Subjuntivo Presente; Subj. Imp. = Subjuntivo Imperfecto

Gramática contenida

Verbos:	**Verben:**
Presente del Indicativo	regel- und unregelmäßige Formen des Präsens
Verbos pronominales	Pronominale Verben
ser/estar/haber	Bildung und Gebrauch *von ser/estar/haber*
Gerundio	Gerundium
Pretérito Perfecto	erste Einführung des Perfekts
Clases de palabras:	**Wortarten:**
Pronombres personales	Personalpronomen (auch mit Präpositionen)
Pronombres posesivos	Possessivpronomen (*antepuesto* und *pospuesto*)
Adjetivos	Adjektive (Regel und Ausnahme)
por/para	Präpositionen *por/para* und ihre Unterscheidung
Adverbios en *-mente*	Adverbien mit *-mente*
Sintaxis:	**Satzbau:**
Frases subordinadas sencillas	einfache Nebensätze
pero, y, o, también, tampoco	beiordnende Konjunktionen
porque, por eso	Kausalsätze
Subordinadas de relativo	Relativsätze mit *que*
se impersonal	Unpersönliches *se*
Signos ortográficos:	**Zeichensetzung:**
tilde	Akzent (Akut)
diéresis	*u* mit Umlaut

Weitere Reiseziele in
«España de arriba a abajo»

Carlos Rodrigues Gesualdi
«Un amor en Madrid»
Didaktisierte Ausgabe, broschiert,
ca. 10 EUR, ISBN 3-89657-791-3,
erscheint April 2010

Madrid, die Stadt der Liebe?

Nachdem sich Jan, Florence, Emily und Freddy zuerst aufs Spanischlernen, Einleben in Spanien und Erkunden Barcelonas im Speziellen konzentrieren mussten, bleibt den vier jungen Leuten in der spanischen Hauptstadt nun Zeit, sich so mancher neuer Gefühle klar zu werden.

So erleiden Jans immer besser werdende Spanischkenntnisse herbe Rückschläge, sobald die süße Französin Flo den Raum betritt. Dagegen machen dem wortgewandten Freddy die traditionellen Vorstellungen der Eltern seiner spanischen Freundin zu schaffen. Und die PC-süchtige Emily? In einem Madrider Musicstore ereilt auch sie dieses gewisse Kribbeln.
Madrid, ¡la ciudad del amor!

Die didaktisierte Lektüre auf Niveau A2 enthält zahlreiche Übungen zu Grammatik und Lexik, Internetrecherchen rund um Madrid sowie Ausschnitte des Stadtplans. Spanisch lernen auf Städtetour!

Weitere Bände der Reihe führen nach Mallorca und Sevilla.

www.schmetterling-verlag.de

Didaktisierte spanische Lektüren:
«Hora Libre»

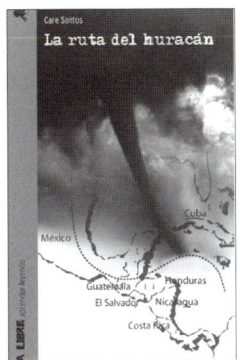

Care Santos
«La ruta del huracán»
Didaktisierte Ausgabe, broschiert, 160 Seiten, 10,80 EUR,
ISBN 3-89657-798-0

Aida, 13 Jahre alt, wandert mit ihrem Vater von Spanien nach El Salvador aus. Da während ihres Aufenthaltes dort ein Hurrikan (Mitch) ausbricht und sie den Kontakt zu ihrem Vater verliert, der gerade in Costa Rica unterwegs ist, beginnt eine abenteuerliche sowie gefährliche Reise durch Mittelamerika. Auf dieser Reise lernt sie sehr unterschiedliche Länder und Kulturen kennen. Durch die gewonnenen Erfahrungen wird Aida erwachsen.
Aspekte wie indigene Kulturen, interkulturelle Vergleiche und ökologisches Bewusstsein machen den Roman zu einer beliebten Lektüre.
Am Buchende findet sich ein Übungsteil, der Inhalts- wie Interpretationsfragen, zahlreiche Grammatik- und Lexikübungen beinhaltet. Niveau B1

Ángeles Escudero
«Álex no es nombre de chico»
Didaktisierte Ausgabe, broschiert, 160 Seiten, 12,80 EUR,
ISBN 3-89657-799-9

Nur dem Tagebuch kann die fünfzehnjährige Álex anvertrauen, wie sehr sie unter ihrer zerrütteten Familie leidet. Doch dann verliebt sich das Mädchen in den illegal eingewanderten Marokkaner Huari, der vor der Armut seines Landes nach Spanien geflüchtet ist und dort auf drastische Weise erleben muss, dass er nicht willkommen ist. Ihre Beziehung findet ein jähes Ende, als Álex' Mutter den Jungen «versehentlich» denunziert ...
An die Lektüre schließt ein 30 Seiten langer Übungsteil an. Niveau B2

www.schmetterling-verlag.de